O Grande Livro de Jogos de Motivação de Equipes

✓ Jogos para elevar o espírito, resolver problemas e melhorar a comunicação para todos os grupos.

✓ Exercícios rápidos em grupo para ter sua equipe conversando, construir entusiasmo e manter o moral elevado.

Tradutor:
Sergio A. Rosenwald

Mary Scannell & Edward E. Scannell

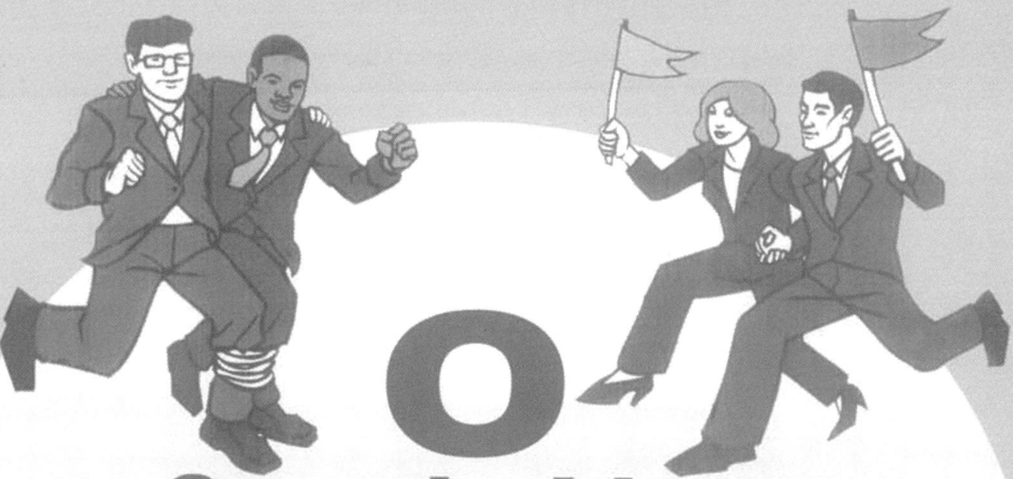

O Grande Livro de Jogos de Motivação de Equipes

✓ Jogos para elevar o espírito, resolver problemas e melhorar a comunicação para todos os grupos.

✓ Exercícios rápidos em grupo para ter sua equipe conversando, construir entusiasmo e manter o moral elevado.

Copyright© 2014 by Mary Scannell e Edward E. Scannell

Todos os direitos desta edição reservados à Qualitymark Editora Ltda.
É proibida a duplicação ou reprodução deste volume, ou parte do
mesmo, sob qualquer meio, sem autorização expressa da Editora.

Primeira publicação por McGraw-Hill, edição traduzida e publicada sob licença
da McGraw-Hill. O autor tem seus direitos de ser identificado nesta obra.

Direção Editorial	Produção Editorial
SAIDUL RAHMAN MAHOMED
editor@qualitymark.com.br	EQUIPE QUALITYMARK

Capa	Editoração Eletrônica
Renato Martins
ARTES & ARTISTAS	ARAUJO EDITORAÇÃO

1ª **Reimpressão:** 2014

CIP-Brasil. Catalogação-na-fonte
Sindicato Nacional dos Editores de Livros, RJ

S294g

    Scannell, Mary, 1959-
    O grande livro de jogos de motivação de equipes : jogos para elevar o espírito, resolver problemas e melhorar a comunicação para todos os grupos : exercícios rápidos em grupo para ter sua equipe conversando, construir entusiasmo e manter o moral elevado / Mary Scannell e Edward E. Scannell ; [tradução Sergio A. Rosenwald]. – Rio de Janeiro : Qualitymark Editora, 2014.
    232 p. ; 23 cm.

    Tradução de: The big book of team motivating games : spirit-building, problem-solving, and communication games for every group

    ISBN 978-85-7303-017-4

    1. Grupos de trabalho. 2. Jogos de empresas. 3. Motivação no trabalho. 4. Relações humanas. I. Scannell, Edward E. II. Título.

11-3903
    CDD: 658.4022
    CDU: 005.743

**2014
IMPRESSO NO BRASIL**

Qualitymark Editora Ltda.
Rua Teixeira Júnior, 441 – São Cristovão
20921-405 – Rio de Janeiro – RJ
Tel.: (21) 3295-9800

QualityPhone: 0800-0263311
www.qualitymark.com.br
E-mail: quality@qualitymark.com.br
Fax: (21) 3295-9824

Agradecimentos

Obrigada a todas as equipes com as quais trabalhei ao longo dos anos. Sua participação, entusiasmo, e *feedback* me forneceram um *insight* valioso. Obrigada por jogarem.

Obrigada aos incríveis treinadores por compartilharem as melhores práticas nessa área. Eu aprendi tanto com vocês! Obrigada por sua generosidade na prática e em espírito.

Obrigada à minha equipe em casa – minha família a quem eu escolheria ter na minha equipe em qualquer dia, e meus amigos, que demonstram que escutar é um componente-chave da comunicação. Obrigada por seu apoio e encorajamento.

Mary Scannell

Desde o primeiro livro na série *Games Trainers Play* (Jogos que os Treinadores Jogam, em tradução livre) há cerca de 25 anos, temos tido a sorte de ver as vendas daquele livro e de todos os que o sucederam (*More Games Trainers Play*, *Still More Games Trainers Play* etc.) excederem um milhão de exemplares. Por isso, estamos agradecidos aos milhares de amigos e colegas que frequentaram nossos *workshops* e seminários com grupos tais como a National Speakers Association (NSA), a Meeting Professionals International (MPI), e a American Society for Training and Development (ASTD).

Em conjunto com nossos departamentos de recursos humanos (HRD) e de gerenciamento de recursos humanos (HRM) ao redor do mundo, da África à Nova Zelândia, essas audiências têm nos ajudado a testar em campo as atividades e exercícios deste livro.

Um agradecimento especial vai para o Dr. John Newstrom, o coautor original de todos os livros de jogos anteriores. Nós inicialmente nos conhecemos como membros colegas de faculdade na Faculdade de Administração da Universidade do Estado do Arizona, há cerca de 30 anos, e este relacionamento de trabalho se transformou em uma longa e duradoura amizade.

Muito obrigado a Cathie LaBarbera e a Mike Scannell por sua ajuda e dedicação ao longo do processo. Finalmente, uma nota de agradecimento vai para Emily Carleton, nossa editora na McGraw-Hill, que nos procurou há alguns meses e nos pediu para cogitarmos de escrever outro livro de *Games* (Jogos). Este livro foi desenvolvido através de seu pedido e contínua orientação.

Edward E. Scannell, CMP, CSP

Sumário

Introdução   1
Suas Chaves para o Sucesso   9
Como Usar Este Livro   13

1. **Exercícios de Apresentação e Energizadores**   21

    Responda à Pergunta   23
    Fatos Divertidos   25
    Adivinhe se Puder   29
    Esticando o Parceiro   31
    Gritando   33
    Assuntos na Mesa   35

2. **Formadores de Clima**   39

    Encene seu Papel   41
    Ao Contrário   43
    Posso Apresentar...?   47
    Cartão Vermelho/Cartão Verde   49
    Cumprimente   51
    Knick-Knack   53

3. **Motivação**   55

    A Lista do Balde   57
    Como Avançamos?   59

O Escritório   61
Reveja   63
A Figura Toda   67
Somos Número 1!   69
A Pior Equipe de Sempre   71
Minha Querida Dama   73

4. Comunicação   75
Ajuste de Atitude   77
Desenho   79
Emoticons Humanos   81
Oh   85
Irmãos Laranja   87
Diga o Quê?   89
Qual a sua História?   91
Grudado como Cola   93

5. Construindo Confiança   95
De Costas   97
Voando às Cegas   101
O Resto da História   103
Snap, Clap, Tap   105
Ajuste da Equipe   107

6. Criatividade   109
Troca de Charadas   111
Como a Equipe "C" Vê   115
Kaizen   119
Astros do Rock   121
Três Amigos   123
Espaço Amplo   125

7. **Desafios Mentais 127**
   Desafio Cerebral I   129
   Desafio Cerebral II   133
   Desafio Cerebral Clássico   137
   Centavos Comuns   143

8. **Solução dos Problemas 145**
   Carona Solidária   147
   Carta de Tubarão   153
   Pegue e Solte   159
   Como um Relógio   161
   Análise SCOT (SWOT)   169
   Navio, Capitão e Tripulação   171
   Aos Cães   175

9. **Reconhecimento 183**
   Palavras de Trás para a Frente   185
   Bingo Obrigado   187
   A Tribo Falou   191
   Dê-me Algum *Feedback*   195
   Notas de Agradecimento   197

10. **Jogos ao Ar Livre 199**
    Cruze a Linha   201
    Resgate o Mascote   203
    Argola   207
    Faça o Quadrado   209
    Monte o Tabuleiro   211
    Construa uma Palavra   213

    Sobre os Autores 216

Introdução

Reunir-se é um começo. Continuar juntos é progresso. Trabalhar junto é sucesso.

Henry Ford

Construção de Equipe

A importância da motivação da equipe tem sido bem documentada ao longo de vários anos passados. Exercícios de construção de equipe criam relacionamentos e harmonia no local de trabalho e ajudam a assegurar que podemos trabalhar com mais produtividade e eficiência.

Existem dois tipos diferentes de construção de equipe: (1) uma abordagem tradicional de sala de aula, que é apropriada para sessões de planejamento estratégico, e (2) uma abordagem mais experimental, que pode envolver os participantes em algum tipo de atividade ao ar livre. Com qualquer abordagem, a meta é fazer com que os membros da equipe estiquem suas zonas de conforto, em um ambiente de apoio, encorajador, que é uma grande maneira de permitir que a equipe aprenda e cresça.

Uma das principais razões pelas quais uma empresa pode escolher organizar atividades de construção de equipes é de permitir que os colegas interajam em uma atmosfera mais informal. Esta atmosfera informal constrói relacionamentos mais profundos do que seriam no ambiente de trabalho usual.

Esses relacionamentos mais profundos ajudam os colegas a interagirem mais eficientemente quando retornam às suas funções.

Com as constantes mudanças na força de trabalho, isso beneficia tanto os antigos como os novos funcionários, fazendo-os trabalharem juntos mais eficazmente. Por exemplo, alguém da geração X e um gerente mais sênior trazem valores e sistemas de crenças diferentes para o trabalho. Ao se engajarem em atividades de motivação de equipe, os indivíduos podem aceitar e compreender melhor as perspectivas e experiências dos outros.

A construção de equipes tem tido seu sucesso comprovado na mudança de comportamento, formando ao final uma equipe mais coesa e com maior confiança mútua. Mesmo se alguns resistem em participar na "diversão e jogos", eles podem ainda assim se beneficiar e aprender novos conceitos para usar em suas interações diárias com os colegas de trabalho. De fato, frequentemente temos o caso de que quanto mais resistente o participante, mais dramático o resultado.

Para identificar uma atividade apropriada, é importante que o facilitador identifique a meta ou o propósito do exercício. Se uma atividade ao ar livre for escolhida, certifique-se de que existe espaço adequado. Considere o perfil do grupo: idade, gênero, se eles já se conhecem ou não, etc. Para atividades ao ar livre, a condição física e a boa forma dos participantes devem também ser consideradas.

Diversos fatores impactam a eficiência geral de qualquer equipe. Aptidões de comunicação são críticas e podem frequentemente formar ou destruir uma equipe eficiente nos outros aspectos. A criatividade e a habilidade de solucionar problemas frequentemente aparecem no jogo, assim como características interpessoais, como o desenvolvimento de harmonia e de confiança.

A descoberta de que as ações de uma pessoa podem influenciar a eficiência de toda a equipe é um grande exercício de aprendizagem.

O papel do facilitador é importante, com três características necessárias para desempenhar essa tarefa:

1. Arguta habilidade de observação, para fornecer *insight* à equipe durante o debate de *debrief* (reunião de debate sobre a atividade).
2. Habilidade de fazer perguntas que provoquem o pensamento, para maximizar as lições da atividade.
3. Habilidade de envolver a todos completamente no debate, para construir confiança e colaboração.

Se a administração da empresa deseja equipes eficientes, ela precisa se envolver no processo. (A motivação de equipes não é um esporte para audiência!). Então, depois do programa, é imperativo que os supervisores e os gerentes continuem apoiando e renovem a camaradagem demonstrada durante a atividade.

Equipes

O velho acrônimo em inglês para a palavra Equipe (TEAM, "Together everyone accomplishes more", ou "juntos todos realizam mais") é tão verdadeiro atualmente como sempre tem sido. No ambiente atual competitivo de trabalho, a maior parte dos funcionários está envolvida em uma ou mais equipes.

A abordagem de equipe para produtividade tem-se tornado padrão. Em um estudo recente, os administradores foram solicitados a identificar os traços mais importantes do membro perfeito do quadro de pessoal. Saber trabalhar em equipe foi o fator número um, superando qualidades tais como experiência, resolução de problemas, dedicação e capacidade de comunicação. Sem dúvida, o uso de equipes tem aumentado, e bons participantes de equipes são críticos para o sucesso de qualquer organização.

Liderança

Aqueles que desempenham papéis de liderança podem fazer sua parte oferecendo um ambiente de apoio e encorajando os membros das equipes a se identificarem com elas. Para manter esse nível de unidade, os líderes devem permitir que haja tempo para encontros regulares das equipes e demonstrar ativamente sua crença na importância das contribuições das equipes. Eles também podem encorajar o desenvolvimento profissional e a educação contínua para seus funcionários, assegurando-lhes do compromisso da organização com o progresso de suas carreiras.

Para ajudar uma equipe a se sobressair, os líderes devem fornecer objetivos claros e assegurar a concordância quanto aos papéis que cada membro deve desempenhar. Mas o que mais importa é fomentar oportunidades para os membros do grupo para se conectarem e interagirem mutuamente. Os jogos de motivação de equipes neste livro foram planejados para proporcionar essas oportunidades.

Motivação

A manutenção da motivação dentro de uma equipe, especialmente durante tempos de aprendizagem ou de transição, pode ser uma tarefa desafiadora. A construção de equipes fornece a estrutura para conseguir isso, criando uma oportunidade para as equipes identificarem uma meta comum, resolverem problemas, designarem responsabilidades, encorajarem-se mutuamente e integrarem seus talentos para que as metas sejam alcançadas.

O que é Preciso

As equipes mais eficazes focam em um propósito comum, demonstrando confiabilidade e coesão. Elas operam com uma fundação forte de confiança e comprometimento individual com a equipe. Pela compreensão dos estágios sequenciais da formação de equipes, os seus membros – incluindo os líderes – podem compreender melhor o processo envolvido no desenvolvimento de uma equipe eficaz.

Construindo sua Equipe

Ao criar uma nova equipe, muitas perguntas devem ser feitas e respondidas. Por exemplo, "A qual propósito se destina esta equipe?", "Quem estará envolvido?", "Que regras e orientações precisamos?" e "Como serão tomadas as decisões da equipe?". À medida que essas perguntas são respondidas, as equipes começam a evoluir. Tipicamente, uma equipe se desenvolve através do seguinte processo:

O Estágio de Formação

Este é o estágio bem educado, de quebra de gelo, "de se conhecerem mutuamente", quando os membros da equipe começam a sentir quem é quem e onde cada um se encaixa no todo. Isso pode ocorrer na reunião de abertura ou em uma sessão de orientação. Reuniões informais e debates após a reunião inicial também são parte desse estágio de formação de grupo. É importante criar um ambiente que seja protegido e seguro. A equipe procurará o líder por orientação e direção. Neste estágio inicial, é essencial obter a adesão de todos os membros da equipe e identificar com franqueza os prós e os contras do trabalho em equipe e da construção de uma equipe.

Neste estágio, a equipe constrói sua fundação e, assim, o gasto de um montante de tempo significativo nesse estágio dará bons resultados mais tarde.

O Estágio da Tempestade

Neste estágio, assuntos interpessoais podem surgir – por exemplo, "Quem define nossas metas?" ou "Por que o fulano foi escolhido para essa função?". Os membros podem verbalizar esses e um conjunto de outros desafios.

Este estágio ocorre tipicamente quando o conflito é introduzido em um ambiente anteriormente seguro e confortável. Muitas equipes experimentam isso por volta da segunda semana, porque é quando a realidade se instala. As coisas que pareciam não importar no início de repente parecem importantes, e os conflitos surgem como resultado. É crítico que essas preocupações sejam enfrentadas diretamente. A menos que os conflitos interpessoais e as dissonâncias sejam cuidadas neste estágio inicial, o sucesso da equipe pode ficar comprometido.

Mais uma vez, a liderança forte é a chave para se navegar neste estágio.

O Estágio da Normatização

Cooperação e confiança estão se tornando agora a norma para essa equipe. A equipe começa a compreender melhor as personalidades respectivas dos outros membros da equipe, de modo a que suas diferentes perspectivas possam ser reunidas para um trabalho mais eficaz. Boas coisas estão começando a acontecer e, como resultado, a equipe se sente mais confiante, conectada e criativa. Ela continua a procurar o líder para apoio durante este estágio.

O Estágio da Atuação

Aqui, você está atuando! A equipe possui *momentum* e energia, e idealmente todos os seus membros estão desejando contribuir igualmente. Este é o mais produtivo de todos os estágios. As tarefas são identificadas e tratadas eficientemente pelos membros designados da equipe. Os indivíduos respeitam as contribuições dos outros, e a equipe está bem no caminho para atender, e até superar, suas metas e objetivos.

O Estágio da Transformação

Este estágio final traz reflexão. É um tempo para a equipe fornecer *feedback* e fazer a sua apreciação. A equipe procura o líder para reconhecimento neste estágio.

Jogos de Motivação de Equipes

Os jogos deste livro ajudarão a equipe a navegar através dos muitos diferentes estágios de seu desenvolvimento. Existem jogos para ajudar os membros da equipe a se conhecerem melhor; jogos para encorajar a comunicação aberta, iniciativas para resolução de problemas, e até atividades que permitem que os membros demonstrem que se apreciam uns aos outros. Use esses jogos para transformar sua equipe de um grupo de indivíduos em uma equipe de elevado desempenho.

> *Diga-me e esquecerei. Mostre-me e poderei me lembrar. Envolva-me e irei compreender.*
>
> Provérbio chinês

Por que Usar Jogos de Motivação de Equipes?

Tem sido demonstrado que as atividades experimentais e exercícios de aprendizagem podem aumentar as habilidades interpessoais, tão críticas para o sucesso de uma equipe. E, como se vê, isso é verdade – aprender pode ser divertido! Quando os participantes estão envolvidos no processo, as interações não são apenas mais divertidas, mas também muito mais produtivas. Existe uma expectativa por parte dos participantes de que eles podem assumir o controle de seu aprendizado, por estarem envolvidos.

- Os jogos ajudam o facilitador a *destacar algo* – algo que seja claro, memorável e relevante para a tarefa à mão. Os jogos são poderosas ferramentas para levar ideias-chave para casa.
- Os jogos ajudam a *construir moral*. Eles fornecem um forte contraste aos "negócios como sempre" por injetarem um elemento de diversão e de brincadeira nas reuniões de equipes.
- Os jogos ajudam os membros da equipe a confiarem *uns nos outros*. Eles oferecem oportunidades para o compartilhamento de *insights*, de emoções e de experiências à medida que a equipe desenvolve soluções. Uma maior compreensão e maior apreciação pelos pontos de vista dos outros são subprodutos valiosos dos debates durante o *debrief* da atividade.
- Os jogos ajudam os membros da equipe a se tornarem *mais flexíveis e adaptáveis*. Os membros logo compreendem e apreciam o fato de que existe mais de uma maneira de resolver um problema.

- Os jogos proporcionam oportunidades para os líderes de equipe *reforçarem comportamentos apropriados*. Quando a cooperação é apresentada, quando a criatividade é demonstrada, ou quando as barreiras interpessoais começam a ceder, um líder pode mostrar apreciação pelas respostas desejáveis obtidas a partir de um jogo de construção de equipe e de uma sessão de *debrief*.
- Os jogos *proporcionam oportunidades para se conectarem*. Platão falou melhor: "Você pode descobrir mais de uma pessoa em uma hora de jogo do que em um ano de conversa." Quando buscamos e nos conectamos com nossa equipe, isso quebra barreiras. A tecnologia, com todos os seus benefícios e conveniências, pode ser uma barreira para a conexão humana.

Características dos Jogos de Motivação de Equipes

Os jogos neste livro são apropriados para uso em sessões de treinamento, encontros de equipes, assim como em programas de construção de equipes.

Destaques desses jogos:

- Eles são *rápidos e fáceis*. Os jogos em si demoram pouco tempo – alguns apenas cinco minutos. O debate que se segue pode demorar mais, dependendo do propósito da atividade.
- Eles são *baratos*. Poucos acessórios são necessários, e muitos podem ser usados muitas vezes antes de necessitarem substituição.
- Eles são *participativos*. Os jogos envolvem a equipe inteira – ninguém fica de fora. Os jogos ajudam os participantes a focarem suas energias e atenção, fazendo-os pensarem, interagirem e se divertirem – tudo isso enquanto aprendem a trabalhar melhor em equipe.
- Eles são um *entretenimento*. Por exemplo, o uso de acessórios desperta interesse e adiciona realismo e variedade ao programa. Os acessórios podem ser tão simples como uma bola ou um folheto.
- Eles são de *baixo risco*. Todos os jogos deste livro foram testados em campo em uma ampla variedade de sessões com variados grupos e equipes. Os jogos são amigáveis aos usuários, e as pessoas respondem positivamente a eles.

Quando esses jogos são realizados com conteúdo, contexto e pessoal corretos – e apresentados de uma maneira positiva e entusiástica – você não pode errar.

Esses jogos vão se mostrar eficazes por muitas vezes.

Suas Chaves para o Sucesso

É fácil conseguir bons jogadores. Fazê-los jogar juntos é que é a parte difícil.

Casey Stengel

Deixe que Eles Descubram

Em algum ponto durante essas atividades, a frustração é inevitável, mas lembre-se de que trabalhar através de desafios é uma grande parte do processo. Permita à equipe enfrentá-los sem assistência. Esse processo é chave para a experiência e o centro de seus debates de *debrief*.

Uma das coisas mais eficazes que um facilitador pode fazer para enriquecer o debate de *debrief* é tomar notas. Se os seus grupos são grandes, você pode achar mais eficaz deixá-los fazer o *debrief* em equipes menores, para encorajar maior participação.

Lembre-se, o facilitador não tem que ser parte de todos os debates de *debrief* para torná-la significativa aos participantes. Uma opção é ter as perguntas para o debate impressas antes do tempo em tiras para distribuir às equipes, para que elas possam se encarregar de seus próprios debates de *debrief*.

Aprender sem pensamento é trabalho perdido; pensamento sem aprendizagem é perigoso.

Confúcio

Mantenha sua Energia Elevada!

A energia é contagiante. Se você não estiver se divertindo, existe uma boa chance de que sua equipe também não irá se divertir. As equipes tendem a procurar o líder para dicas sobre como reagir aos eventos do dia. Se você não compra a atividade, eles também não irão fazê-lo. Para você comprar uma atividade, ela precisa atender a um propósito: por exemplo, uma experiência de aprendizagem, uma oportunidade de conexão e construção de confiança, uma chance de se divertir. O que quer que seja, descubra para você antes do tempo. Isso irá ajudá-lo a criar um ambiente propício e entusiasta. A sinceridade não pode ser fingida, assim é tempo de "ser real!"

Seja Flexível

Os jogos têm suas regras. Mas, como todos sabemos, as regras existem para serem dobradas, quebradas ou descartadas. A maioria dessas atividades pode ser feita de forma mais ou menos desafiadora com uma simples mudança de regras. Esteja ciente do que a equipe precisa, e seja flexível o suficiente para adaptar as regras a fim de criar um ambiente de aprendizagem recompensador.

O Papel do Facilitador

Seu papel é o de criar a estrutura. Deixe a equipe criar a obra-prima – sua experiência singular. Se surgirem assuntos – planejados ou não – use-os como momentos para ensinar. Se os membros da equipe fizerem zig quando você esperava que eles fizessem zag, vá na direção deles. Quem é que pode dizer o que está "fora do curso", de qualquer jeito? No final, esses jogos servirão para motivar. Monitore os níveis de energia – o deles e o seu. O tempo pode ser cortado ou esticado, dependendo de como o jogo estiver se desenvolvendo e das necessidades do grupo.

A Equipe Precisa o que a Equipe Precisa

Essas atividades são reveladoras. Confie em que elas levarão a dinâmica importante para a equipe. Você pode pensar que a equipe está muito distante de seu planejamento, mas esteja disposto a ficar no caminho dela. Tome consciência do que está realmente ocorrendo e use isso no debate de *debrief*.

Fracasso

Se você buscasse na Internet uma frase sobre como os fracassos mostram o caminho que leva ao sucesso, você veria uma contagem muito alta de consultas. O fracasso é parte do processo. Como facilitador, pode ser um desafio liderar o debate de *debrief* quando a equipe não atinge sua meta. Mas tenha em mente que, para a equipe, essa prática pode ser uma ferramenta poderosa de aprendizagem e pode criar uma experiência memorável. Aprenda a facilitar para o bom, o mau e o feio.

Vá sem Papel

Muitas das atividades neste livro sugerem o uso do papel, mas, na verdade, isso é com você. Quando você deixa o papel de lado, isso força a equipe a falar e a contar uns com os outros, o que constrói confiança. É bom ser verde – para você e para sua equipe.

Saia e Brinque

A menos que você precise de um *flipchart* (e mesmo ele pode ser montado ao ar livre), a maioria dessas atividades pode ser realizada fora para uma mudança de ambiente. A experiência definitivamente muda quando você sai para o ar fresco – e se sente ainda mais distante do ambiente do escritório. Sempre que temos a opção de ir para o ar livre ao facilitarmos programas de construção de equipe, nós a adotamos. Você pode querer fazer o mesmo.

Bom-senso

Algum movimento é necessário em certos jogos. Convide seus participantes a usarem de bom-senso. Se uma atividade não é adequada pela atividade física, isso não significa que eles não se envolverão. Eles podem sempre assumir outras funções para ajudar a equipe (por exemplo, observador, cronometrador, planejador).

Reduza, Reutilize, Recicle

O treinamento baseado em atividades usa acessórios continuamente. Aqui está uma lista de todos os acessórios necessários para facilitar as atividades constantes deste livro.

Para uma alternativa verde aos jogos de resolução de problemas (por exemplo, *pool* de carros), imprima e lamine as dicas e os cartões de dicas para usá-los diversas vezes.

Acessórios

Corda de 100 metros de comprimento	Bandanas/Vendas	Bolas de borracha ou de tênis
Cartões 7 × 12	Papel	Marcadores ou pesos de papel
Papéis *post-it*	Bambolês	Fitas crepe ou adesivas
Marcadores	Canetas	Lona encerada ou cobertor
Pranchetas	Cronômetro	Blocos Lego grandes

Divirta-se

Se você está procurando por momentos de descobertas, nada o leva lá mais rapidamente do que jogos de construção de equipes. A equipe assume a propriedade do jogo unindo-se e descobrindo as respostas por ela mesma. Os participantes sentem uma sensação de controle e aprendem a se confiarem mutuamente e a aumentar suas zonas de conforto coletivas.

O Melhor Programa de Sempre

Os jogos de motivação de equipe permitem que o grupo crie seu próprio programa: sua própria experiência. É claro, isso requer que você, o treinador, estique seus limites também. Esteja pronto para se adaptar: confie em você e sua equipe se elevará à altura de qualquer desafio que surja no processo. É um passeio empolgante!

Como Usar Este Livro

Jogos de Motivação de Equipes

Estes jogos são um grupo especial de atividades e exercícios planejados para melhorar a comunicação, construir confiança, aumentar a produtividade e gerar camaradagem. Os jogos podem também gerar experiências que apoiem os objetivos de uma reunião de equipe. Como discutido na Introdução, os jogos de motivação de equipe oferecem muitos benefícios.

Os jogos são:

- Motivadores.
- Desafiadores.
- Significativos.
- Fáceis de usar.
- Baratos.
- Envolventes.
- Memoráveis.
- Energizadores.
- Divertidos.

De fato, muitos jogos oferecem uma lição valiosa, independente dos participantes serem bem-sucedidos na tarefa ou não. Isto é porque o foco está no processo, no debate de *debrief*, e como a experiência pode ser aplicada ao local de trabalho. Como um bônus adicional, os jogos permitem que os membros se divirtam enquanto aprendem.

A Escolha de Um Jogo Apropriado de Motivação de Equipe

À medida que você ler este livro, você notará que cada jogo de construção de equipe tem um propósito distinto, um tamanho de grupo recomendado, uma lista dos materiais necessários e uma necessidade de tempo estimada. Deixe que essas orientações o ajudem a determinar os jogos adequados para seus grupos ou reuniões.

Preparando os Materiais dos Jogos

Você achará útil ter um conjunto de materiais básicos que são frequentemente usados em jogos de construção de equipe. Cartões-índice, marcadores, fitas adesivas, bolas de tênis, um baralho de cartas, corda, papel de *flipchart* e até uma bola de barbante são muito úteis. Também vale a pena olhar à frente e antecipar que jogos podem ser apropriados para um dado grupo ou reunião. Após escolher um ou mais jogos, você pode economizar tempo preparando seus folhetos, *flipcharts* ou apresentações adiantadamente.

Apresentando um Jogo

Em geral, dê uma explicação breve e um pano de fundo para o jogo. É importante fornecer um contexto para a atividade para ajudar que a equipe veja onde ela se ajusta à agenda do programa. Obtenha sua atenção, solicite sua cooperação e compartilhe a informação adequada, tais como quaisquer regras ou orientações. Então, encarregue-lhes de suas tarefas, juntamente com limites de tempo. Assegure-se de monitorar a atividade à medida que ela progride, permitindo um amplo tempo para o debate de *debrief*.

Liderando um Debate de Equipe

Os jogos serão apenas isso, jogos, na falta de um debate de *debrief* facilitado de maneira eficiente. Esteja com os materiais antes do tempo. Antecipe resultados e reações prováveis. Tome notas durante a atividade. Em adição às perguntas de *debrief* fornecidas com as instruções do jogo, você poderá desejar preparar outras perguntas que sejam mais adequadas a seu grupo ou propósito específico. Foque a atenção da equipe no significado e no propósito por trás do jogo.

Encoraje os participantes a serem responsáveis para que seja gerada uma conversa significativa; não se apresse demais em inserir suas próprias opiniões e observações. Mantenha o debate fluindo, mas também esteja confortável com as pausas à medida que o grupo formule suas ideias e conclusões. Encerre o debate quando todos os pontos principais tiverem sido discutidos.

Fazendo a Transição para Aplicações

Todos os jogos neste livro são genéricos, significando que são amplos na natureza e não restritos a qualquer organização ou indústria. Seu debate de *debrief*, entretanto, pode ser adaptado para satisfazer às necessidades específicas de seu grupo.

Como facilitador, é imperativo que você mude a atenção da equipe daquilo que aconteceu na atividade para o que é significativo quanto aos resultados. Encoraje os participantes a considerarem perguntas como "O que lembraremos do jogo amanhã?", "O que podemos aproveitar dessa experiência?" e "Como podemos usar essa experiência para melhorar o desempenho de nossa equipe?".

Você pode considerar fazer um registro dos pontos-chave de aprendizagem levantados e dos planos de ação desenvolvidos para serem distribuídos em uma posterior revisão e *follow-up*.

Dicas para Usar Jogos de Motivação de Equipe

Após mais de duas décadas de experiência com a criação e condução de jogos de construção de equipes, aprendemos diversas lições importantes. Apesar do fato de essas orientações parecerem simples, elas são de importância vital para seu sucesso, assim como para o sucesso de sua equipe.

1. **Tenha um objetivo**. Alguns facilitadores e treinadores se apressam a usar um jogo sem ter uma ideia clara e bem pensada do que eles pretendem obter com o jogo. Colocado de forma simples, falta-lhes um objetivo, o ponto de partida lógico. Como resultado, um jogo pode ser escolhido porque ele estava disponível, parecia estar à mão, ou parecia interessante. Você deve fazer um trabalho detalhado de escolha de jogos que sirvam a seus objetivos – e então comunicar esse propósito aos membros da equipe.

2. **Escolha o jogo específico cuidadosamente.** Examine o conjunto completo dos jogos para desenvolver sua familiaridade com a natureza de cada um, seus objetivos e necessidades (por exemplo, materiais, tempo). Com base em seus objetivos, escolha um ou mais jogos para usar com seu grupo. Considere também se o jogo específico está de acordo com a natureza e o caráter geral de sua equipe, com os objetivos da reunião da equipe e com os próprios participantes.
3. **Teste o jogo antes.** É sempre uma boa ideia testar qualquer desses jogos antes de usá-lo com seus participantes. Colegas próximos, pessoal voluntário, ou membros da família e amigos podem ser notáveis bons críticos. Busque por eles e use-os.
4. **Tenha um plano de *backup*.** Especialmente quando planejar atividades ao ar livre (caso em que a Mãe Natureza pode escolher não cooperar), é importante ter mais de um jogo preparado. Lembre-se também de que um material pode quebrar, os participantes podem ter jogado recentemente esse jogo, ou a equipe pode não reagir bem a determinado tipo de jogo. É sempre bom estar pronto com alguma alternativa.

Em adição a essas quatro orientações gerais, eis algumas dicas para o uso de jogos na construção de equipe.

- **Escolha atividades de baixo risco.** Tenha em mente que a segurança de sua equipe é sua principal preocupação. Seja cuidadoso para não expor seu grupo a níveis desnecessários de risco físico ou psicológico. O exame antecipado dos jogos permitirá que você perceba se pode se sentir confortável ao liderar o grupo por aquela experiência.
- **Seja breve e seletivo.** Tempo é um recurso vital, e você e seus participantes não podem se permitir perdê-lo. A maior parte desses jogos pode ser apresentada e usada em períodos de tempo relativamente curtos. Entretanto, você também tem disponíveis muitas perguntas para o *debrief*, caso a equação do debate comprove ser desejável. Lembre-se de que os jogos em si não são o foco da sessão de construção de equipe. Existem auxílios para alcançar suas metas e objetivos. Não deixe o jogo solto. Monitore o nível de energia e de entusiasmo da equipe e coloque o ritmo da atividade de acordo.
- **Seja criativo.** Experimente um pouco. Procure maneiras de adaptar ou ajustar um jogo para atender melhor ao seu propó-

sito para a equipe com a qual está trabalhando. Esteja sempre atento a novas formas de demonstrar seu ponto. Permaneça flexível.

- **Avalie seu uso dos jogos.** Faça tabelas de acompanhamento rígido: (1) a frequência com a qual você usa os jogos com uma equipe; (2) o impacto aparente do jogo na aprendizagem e na retenção da equipe; e (3) a reação e a recepção da equipe aos seus jogos. É fácil cair na rotina – nós todos temos jogos que amamos usar – mas tome cuidado para não utilizar demais alguns jogos em detrimento da mensagem pretendida. Desafie a você mesmo a se atualizar e expandir o repertório dos jogos para o bem de sua equipe.

- **Ilumine-se.** Leve sua tarefa a sério, mas não leve você a sério demais. Os membros da equipe confiarão e acreditarão em você quando o virem como uma pessoa real – alguém que pode rir de si próprio e se sentir confortável com pequenos desvios do exercício estruturado. Acima de tudo, divirta-se e torne o jogo divertido para a equipe.

- **Não use os jogos apenas para entreter.** Equipes de elevado desempenho querem ser produtivas e usar seu tempo sabiamente; não perca tempo valioso de reuniões usando um jogo apenas para entreter ou quebrar a semana de trabalho.

- **Esteja preparado.** Após decidir usar um jogo, prepare-se devidamente para ele; nunca escolha um no último minuto. Esteja certo de estar completamente familiarizado com o jogo, de que suas metas estejam claramente definidas e que você tem um plano específico para a reunião de *debrief* da equipe ao final do jogo.

- **Conheça a resposta (se ela existir).** Existe um tremendo valor na preparação de uma "chave" visual que possa ser puxada e apresentada no caso de sua mente dar um "branco" se estiver sob pressão. Prepare um "auxílio de trabalho" por escrito e mantenha-o à mão.

- **Antecipe alguma resistência.** Você pode encontrar ocasionalmente alguns membros da equipe que acreditam que os jogos são "tolos". Se for o caso, dê uma explicação clara do propósito da atividade, solicite a ajuda da equipe em fazê-lo funcionar e prometa-lhes que o significado se tornará claro durante a reunião de *debrief*.

- **Antecipe a lembrança do jogo, não da mensagem.** Pelo fato de que os jogos são diferentes de uma agenda clássica orientada para o trabalho, existe sempre a chance de que os membros da equipe se lembrarão do jogo ou da atividade e se esquecerão da mensagem subjacente. Uma vez que o jogo esteja completado e a reunião quase terminada, leve a atenção do grupo mais uma vez para os pontos-chave de aprendizagem.

Zonas de Perigo no Uso de Jogos

Desejamos que você tenha sucesso no uso de jogos para a motivação de sua equipe. Assim, precisamos mostrar uma perspectiva equilibrada sobre os jogos, identificando algumas desvantagens e armadilhas para compensar o entusiasmo exibido ao longo dessas seções introdutórias. Eis uma série de dificuldades ou limitações potenciais, muitas das quais podem ser minimizadas através de planejamento e preparação cuidadosos.

1. **Materiais.** Alguns jogos exigem o uso de materiais. Apesar de esses materiais serem usualmente simples e disponíveis convenientemente, alguns podem ser de difícil obtenção em cima da hora ou difícil de montar com pressa. Sempre reserve para você tempo adequado adiantado para reunir os materiais antes da sessão.

2. **Tempo.** Algumas vezes, os jogos requerem mais tempo do que você pretende devotar. É importante acompanhar o processo, monitorar o debate e saber quando levar a atividade ao seu término.

3. **Preparação.** Os jogos variam na profundidade do pano de fundo necessário para conduzi-los apropriadamente. Alguns não exigem qualquer preparação especial, enquanto outros podem ser enriquecidos pelo passado educacional ou nível de experiência único de algum dos membros do grupo. Habilidades de processamento de grupo – ser capaz de fazer as pessoas se abrirem no debate de *debrief* – são essenciais para conquistar seus objetivos também.

4. **Percepção.** Alguns participantes podem perceber alguns jogos como extremamente simples, enquanto outros os acharão relevantes e vívidos. Você precisa aferir onde seu grupo está em relação ao jogo proposto, e, talvez, testar antecipadamente o jogo com um ou dois participantes.

Em adição a essas limitações estruturais, existem outras armadilhas potenciais no seu uso de jogos. É possível que indivíduos inseguros, inexperientes ou despreparados possam usar um jogo para matar o tempo, para impressionar os colegas sobre quão espertos eles são, ou até para colocar alguns membros da equipe em seus lugares, forçando-os a falhar.

Se os seus participantes perceberem que os jogos são artificiais ou "bonitinhos", eles podem se distrair da meta final da reunião da equipe. Você deveria sempre encorajar os membros da equipe a contribuírem com respostas para as perguntas "E daí?", "E agora?" e "O que podemos aproveitar disso?" para cada jogo, e deveria existir sempre uma ou mais respostas substantivas.

Finalmente, bons jogos não devem se tornar excessivamente complicados, nem devem de forma alguma ser ameaçadores pessoalmente a qualquer membro da equipe.

Sumário

Os jogos podem contribuir tanto para o conteúdo quanto para os objetivos do processo de uma reunião de equipe. Eles facilitam a aprendizagem e o desenvolvimento da confiança, enquanto tornam o encontro também mais agradável.

Os jogos podem ser usados para:

- Quebrar o gelo.
- Ajudar a criar a identidade da equipe.
- Demonstrar o valor do trabalho em equipe.
- Encorajar a apreciação da diversidade.
- Construir apoio e confiança mútua.
- Melhorar a maneira pela qual a equipe funciona.
- Estimular a percepção de que a mudança é necessária.
- Expor problemas escondidos.
- Permitir que os membros da equipe tenham um sentimento de comunidade e de conexão.
- Introduzir maior energia nas reuniões da equipe.
- Motivar a equipe a se tornar melhor do que é agora.

Diversas orientações estão apresentadas para aumentar a probabilidade de seu sucesso. Essas orientações são dirigidas no sentido da escolha, uso e avaliação dos jogos e foram retiradas a partir da experiência de centenas de aplicações. Acima de tudo, mantenha os jogos em sua perspectiva apropriada; reconheça que a maioria deles é desenhada para ajudar a melhorar alguma faceta do desempenho da equipe, e, ao mesmo tempo, injetar alguma diversão no processo. Divirta-se!

Exercícios de Apresentação e Energizadores

O que quer que você possa fazer, ou sonhar que pode, comece. A ousadia tem em si genialidade, poder e mágica.

Goethe

Responda à Pergunta

OBJETIVOS
- Demonstrar os benefícios do humor.
- Aumentar o nível de conforto dentro da equipe.

Tamanho do Grupo
10 a 20, ou divida grupos maiores em menores de 10 ou 20.

Materiais
Nenhum.

Tempo
10 a 20 minutos.

Instruções

Faça com que sua equipe fique de pé ou sente em um círculo. Diga-lhes que esta atividade consiste de fazer e responder perguntas.

Deixe-os saber que farão à pessoa ao seu lado uma pergunta aberta (que requer mais do que uma resposta *sim* ou *não*). Especificamente, perguntas que exigem que a pessoa responda com uma frase, em vez de simplesmente com uma palavra, funcionam melhor.

Instrua cada participante a se lembrar da pergunta formulada por ele ou ela, assim como a resposta dada.

Para começar o jogo, simplesmente peça a um membro da equipe para fazer uma pergunta à pessoa ao seu lado esquerdo ou direito. Isso determina a direção: por exemplo, se o membro da equipe pergunta à pessoa à sua direita, esta irá responder e depois perguntar também à pessoa à sua direita, e assim por diante, em volta do círculo.

Quando este procedimento estiver completado pelo círculo, todos terão feito e respondido uma pergunta. Lembre aos membros da equipe que eles devem se lembrar de suas perguntas e respostas.

Agora, a parte divertida: faça com que todos se levantem e assumam um lugar diferente no círculo, de modo que fiquem de pé ou sentados ao lado de uma pessoa diferente.

Para começar esta rodada, novamente peça a um membro da equipe para fazer à pessoa à sua direita ou esquerda a sua pergunta *original* (novamente determinando a direção), e faça com que todos deem sua resposta *original* – independente da pergunta.

Prepare-se para rir!

Questões para Discussão

1. De que você gostou a respeito dessa atividade? Foi desafiadora?
2. Como o riso impacta nossa energia? Nossa produtividade? Nosso trabalho em equipe? Nosso nível de estresse?
3. Quais são outras maneiras de reduzir o nível de estresse dentro de nossas equipes?

Fatos Divertidos

OBJETIVOS
- Aprender sobre os outros na equipe.
- Construir harmonia e confiança dentro da equipe.

Tamanho do Grupo:
Até 20.

Materiais:
Cópias de formulários de fatos divertidos sobre nossa equipe (fornecidos) para cada pessoa, canetas.

Tempo:
15 minutos.

Instruções

Algum trabalho com material é necessário. Peça a todos os membros da equipe que irão participar que forneçam alguns fatos pouco conhecidos sobre eles para você – o facilitador – antes da sessão (por exemplo, que escola frequentaram, em que se formaram, quantidade de irmãos, nomes dos animais de estimação, onde nasceram, lugar favorito para férias).

Antes da reunião, escreva uma frase sobre cada pessoa com base nos fatos apresentados. Coloque todas as frases juntas no formulário de Fatos Divertidos sobre Nossa Equipe, e dê a todos uma cópia à medida que cada um entrar.

Dê à equipe tempo para seus membros se misturarem e perguntarem entre si para determinarem que frase diz respeito a qual pessoa. Deixe-os saber que eles também terão que descobrir qualquer outra coisa específica. Por exemplo, se alguém tem três animais de estimação, que tipos de animais são eles? Quais os seus nomes?

Quem tiver a maior quantidade de nomes preenchidos em cerca de 10 minutos anuncia os nomes dos membros da equipe juntamente com seus fatos pouco conhecidos.

Folha de exemplo para as anotações (ou use o formulário fornecido Fatos Divertidos sobre Nossa Equipe)

Nascido em um país estrangeiro.
- Nome da pessoa: _____
- Nome do país: _____

Mudei três vezes de curso para me formar.
- Nome da pessoa: _____
- Os três cursos diferentes: _____

FOLHETO

Fatos Divertidos sobre Nossa Equipe

Fato: _____
- Nome da Pessoa: _____
- Detalhes: _____

Fato: _____
- Nome da Pessoa: _____
- Detalhes: _____

Fato: _____
- Nome da Pessoa: _____
- Detalhes: _____

Fato: _____
- Nome da Pessoa: _____
- Detalhes: _____

Fato: _____
- Nome da Pessoa: _____
- Detalhes: _____

Fato: _____
- Nome da Pessoa: _____
- Detalhes: _____

Fato: _____
- Nome da Pessoa: _____
- Detalhes: _____

Adivinhe se Puder

OBJETIVOS:
- Fazer com que as pessoas se conheçam.
- Unir as pessoas como uma equipe.

Tamanho do Grupo:
10 a 20 pessoas funcionam melhor.

Materiais:
Folhas de papel, canetas.

Tempo:
15 a 20 minutos por rodada.

Instruções

Faça com que cada participante escreva o nome de um livro (ou filme, etc. – veja outras categorias em Variações) em uma folha de papel. Uma pessoa atua como facilitadora e colhe e lê em voz alta todas as folhas de papel, *uma vez*. Depois disso, todos devem contar apenas com sua memória.

A pessoa à esquerda da facilitadora começa tentando combinar um título de livro com a pessoa que o escolheu. Se estiver correto, a pessoa cujo livro foi adivinhado se torna membro da equipe do adivinhador, e, como equipe, ambos jogam novamente.

Toda adivinhação correta ganha para a equipe um novo membro e lhes dá o direito de jogar novamente. Se errarem, a pessoa seguinte joga, e assim por diante, por todo o grupo.

A atividade termina quando todos estiverem na mesma equipe.

Variações

Em vez de títulos de livros, podem ser usados títulos de filmes, de músicas, grupos musicais, jogos de tabuleiro, locais de férias, e assim por diante. Seja criativo! Ou faça o grupo apresentar novas categorias. Lembre-se: a meta é tornar desafiador para os demais adivinharem as escolhas.

Questões para Discussão

1. O que você notou quando fizemos a transição de indivíduos para equipes, e, finalmente, para uma equipe?
2. O que é necessário para ser uma equipe?
3. De que maneiras isso se relaciona com a união como uma equipe no trabalho?

Esticando o Parceiro

OBJETIVOS
- Energizar a equipe de maneira criativa.
- Quebrar barreiras e se divertir.

Tamanho do Grupo:
Qualquer tamanho.

Materiais:
Nenhum.

Tempo:
5 minutos para desenvolver as esticadas, e um minuto por par para ensinar e liderar a contagem até três.

Instruções

Faça com que a equipe se reúna em duplas. Então, faça com que cada par desenvolva uma esticada rápida que irá ensinar aos demais membros da equipe.

A esticada tem duas exigências: (1) os parceiros têm que estar conectados durante a esticada, e (2) a esticada tem que ter um efeito sonoro ou frase para se falar junto com ela. Cada par então ensina sua esticada à equipe e faz a equipe participar da esticada em uma contagem até três.

Demonstre um exemplo de uma esticada aceitável. Por exemplo, fique de pé ao lado de seu parceiro (a), ambos tocando seus pés: então ambos esticam seus braços para o alto e dizem "Alcançando as Estrelas".

Variações

Para grupos maiores ou se o tempo estiver apertado, após cada par ter desenvolvido sua esticada, agrupe-o com dois outros pares e faça com que eles ensinem suas esticadas uns aos outros.

Questões para Discussão

1. O que você percebeu em relação ao seu nível de energia assim como em relação ao nível geral de energia na sala durante essa atividade?
2. Quais são algumas coisas que podem elevar nossa energia quando ela estiver baixa, como após o almoço ou ao final do dia?

Dica:

Esta atividade funciona muito bem como energizadora no meio da tarde.

Gritando

OBJETIVOS

- Reagrupar e renovar as energias após um intervalo ou após o almoço.
- Esticar nossas zonas de conforto rindo de nós mesmos e desejando nos arriscar a errar.
- Pensar e responder rapidamente.

Tamanho do Grupo:
10 a 20 participantes.

Materiais:
Um grande cobertor ou uma lona.

Tempo:
10 minutos.

Instruções

Peça a dois voluntários para segurar o cobertor na vertical, criando uma parede. Separe o restante da equipe meio a meio. Metade do grupo fica de um lado do cobertor e a outra metade do outro.

Cada equipe manda uma pessoa para o cobertor – tomando cuidado para que a pessoa do outro lado não possa ver quem é o escolhido.

Os voluntários contam "1, 2, 3, abaixe!" Então eles rapidamente abaixam o cobertor para o chão. A pessoa que disser o nome da do outro lado primeiro adquire essa pessoa para o seu lado do cobertor. (Os voluntários que estão segurando o cobertor atuam como juízes, e suas decisões podem eliminar quaisquer empates que possam ocorrer.)

Continue por cerca de cinco a oito minutos. Levante o cobertor ao final e diga: "Agora somos todos uma só equipe novamente".

Questões para Discussão

1. Essa atividade foi mais desafiadora do que você esperava? Por quê?
2. Por que cometemos erros?
3. Como a equipe reagiu aos erros?
4. Qual seria uma forma adequada de lidar com os erros no local de trabalho?

Assuntos na Mesa

OBJETIVOS
- Estabelecer harmonia antes do *brainstorm* e de atividades de resolução de problemas.
- Aumentar o nível de confiança dentro da equipe.

Tamanho do Grupo:
Até 15, ou divida grupos grandes em grupos menores de 5 a 7.

Materiais:
Cópias do formulário de Assuntos na Mesa (fornecido).

Tempo:
10 a 15 minutos.

Instruções

Este jogo é fácil. Faça cópias do formulário de Assuntos na Mesa ou crie alguns você mesmo. No início do *workshop* ou quando os participantes se reagruparem em grupos de trabalho menores, faça com que cada grupo vá para suas mesas e respondam de três a cinco perguntas.

Dicas

Após terem respondido algumas das perguntas preparadas, eles podem criar algumas deles próprios para usá-las.

FOLHETO

Assuntos na Mesa

1. Se você pudesse escolher uma canção-tema que tocasse sempre que você entrasse em uma sala, qual seria ela?

2. O que você mais admira na pessoa à sua esquerda?

3. O que você considera como a melhor coisa já inventada? Por quê?

4. Se você pudesse se mudar para qualquer lugar por um ano, que lugar seria esse?

5. Qual o seu ritual diário mais compulsivo?

6. Qual o trabalho mais estranho que você já teve?

7. Qual a sua maneira favorita de passar um dia relaxante de final de semana?

8. O que irrita você em seu trabalho?

9. De que maneiras você é supersticioso?

FOLHETO

Assuntos na Mesa

10. O que você ainda não fez que há anos gostaria de fazer?

11. Qual o emprego dos seus sonhos?

12. Quais as qualidades mais importantes que você procura em um amigo?

13. Que meta específica você gostaria de alcançar este ano?

14. Que parte de sua personalidade você mais gostaria de mudar?

15. Que medo você gostaria de superar?

16. Qual a sua citação favorita?

17. Qual o lugar mais bonito que você já viu?

18. Que experiência negativa você teve que acabou sendo para o seu bem?

2

Formadores de Clima

O trabalho em equipe é a habilidade de trabalhar junto na direção de uma visão comum. A habilidade de direcionar as realizações individuais na direção de objetivos organizacionais. É o combustível que permite a pessoas comuns obterem resultados incomuns.

Andrew Carnegie

Encene seu Papel

OBJETIVOS
- Considerar o que é preciso para ser compreendido.
- Encorajar estratégias de comunicação eficientes.

Tamanho do Grupo:
Pelo menos, 10 participantes.

Materiais:
Folhas de papel, canetas.

Tempo:
20 minutos.

Instruções

Como cada equipe irá se associar a outra, assim separe o grupo em equipes de cinco a sete (este jogo funciona melhor se todas as equipes tiverem o mesmo número de participantes). Passe folhas de papel e canetas para cada equipe. Peça a cada equipe para colocar um animal e uma tarefa comum. Peça-lhe que escreva nas suas folhas de papel uma frase (por exemplo, "Um elefante anda em uma bicicleta", ou "Um macaco escova seus dentes").

Coloque duas equipes em fila, olhando para a mesma direção. As duas equipes trabalharão juntas. Faça com que as últimas pessoas de cada fila troquem as folhas de papel. Após esse momento, o resto da atividade é feita de maneira não-verbal. A última pessoa em cada fila é a única a quem é permitido ver a folha de papel. O seu trabalho é apresentar essa mensagem para a pessoa à sua frente na fila através de representação (mímica).

Assim, a pessoa à frente da última se vira e olha enquanto a última pessoa representa o enredo escrito na folha de papel. A penúltima pessoa então atua para a pessoa à sua frente na fila. Isso continua até a primeira pessoa da fila. A primeira pessoa da fila representa o enredo de modo a que os participantes de ambas as equipes possam ver.

Faça cada equipe adivinhar o que eles estavam representando. Quão próximo eles chegaram do roteiro original?

Dicas

Essa é uma atividade para criar um clima agradável. Você pode considerar pular o debate, e ir diretamente para a atividade seguinte em sua agenda. No caso de você escolher fazer o debate, seguem algumas perguntas.

Questões para Discussão

1. Quão eficaz foi sua comunicação?
2. O que o ajudou a se comunicar eficazmente?
3. Foi mais fácil se comunicar de forma não-verbal do que você pensou que fosse ser?
4. Quão poderosa é sua comunicação não-verbal?
5. Quão eficaz é sua comunicação não-verbal?

Ao Contrário

OBJETIVOS
- Descobrir fatos novos e interessantes sobre os outros membros da equipe.
- Começar a romper barreiras e trabalhar em conjunto mais eficazmente.

Tamanho do Grupo:
Qualquer tamanho.

Materiais:
Perguntas de assuntos ao contrário sugeridas (fornecidas).

Tempo:
10 a 15 minutos.

Instruções

Forme dois círculos, um dentro do outro. O círculo de dentro olha para fora; o círculo de fora olha para dentro (um ao contrário do outro). Posicione os círculos de modo a que cada pessoa fique de pé face a face com alguém do outro círculo. Se você tiver um número ímpar de participantes, haverá um trio.

Informe a equipe que eles estarão se movendo durante a atividade, pois você os manterá de pé. Deixe-os saberem que você lhes dará um tema para debate. Eles terão um minuto para discutir o assunto com seus parceiros, antes de chegar o momento de seguirem adiante.

Dê-lhes o primeiro tema para discutirem. Quando o minuto tiver passado, grite "Tempo para seguir", e instrua-os sobre como se moverem.

Escolha como eles se moverão: por exemplo, o círculo de fora se movimenta duas pessoas para a esquerda, ou o círculo interno se move uma pessoa para a direita. A ideia é que a cada vez que os membros do grupo se moverem eles estejam diante de pessoas novas e diferentes. Quando todos estiverem com um novo parceiro, a rodada seguinte de conversa se inicia com um novo assunto.

Após cada rodada e antes de seguir em frente, certifique-se de que cada pessoa dê a seu parceiro alguma forma de agradecimento – um tapinha nas costas, um gesto de aprovação, uma frase, como "Obrigado pela conversa", ou outra forma de apreciação. Seja criativo!

Dicas

É melhor manter as pessoas em movimento neste jogo, em vez de deixar a conversa morrer antes de seguir para o novo parceiro e o novo tópico.

Jogar por quatro a cinco rodadas parece funcionar melhor. Após o último assunto ter sido discutido, você pode escolher dar a eles mais um minuto para compartilharem suas metas para o dia com esse parceiro final.

As perguntas para os Assuntos na Mesa funcionam bem para essa atividade também.

Questões para Discussão

1. Como você se sentiu ao divulgar informação pessoal?
2. Como uma atividade como esta constrói confiança dentro do grupo?
3. Quais seriam outras maneiras pelas quais podemos construir um grupo no qual as pessoas confiam umas nas outras?

FOLHETO

Ao Contrário

Perguntas sobre Assuntos Sugeridos

1. Se dinheiro não fosse importante, que carreira você escolheria? Por quê?

2. Qual a maneira mais fácil de aborrecê-lo ou provocá-lo?

3. Que pessoa em sua vida teve o maior impacto para você? De que maneira?

4. O que você fez no ano passado que foi completamente fora do normal para você?

5. Conte uma história sobre você que surpreenderia qualquer um?

6. Se talento não fosse o caso, que carreira você escolheria para você mesmo?

7. Qual o seu prazer que lhe deixa se sentindo culpado?

8. O que você gostaria de ter tempo para fazer todos os dias? Como você poderia criar esse tempo?

9. Qual seu lugar favorito para férias? Por quê?

Posso Apresentar...?

OBJETIVOS
- Permitir que os membros da equipe ganhem uma compreensão melhor uns dos outros.
- Encorajar os participantes a compartilharem informações de maneira divertida.
- Apresentar os membros do grupo entre si.

Tamanho do Grupo:
20 participantes funcionam melhor.

Materiais:
Flipchart ou quadro branco, folhas de papel em branco, canetas marcadoras, fita adesiva.

Tempo:
30 a 45 minutos.

Instruções

Faça os participantes se reunirem em pares. Dê a cada par folhas de papel em branco e as canetas marcadoras. Escreva essas instruções em um *flipchart* ou em um quadro branco, para que todos possam vê-las:

Na primeira folha de papel, escreva o nome de seu(sua) parceiro(a) e desenhe um retrato dele(a). Na segunda folha de papel, crie uma folha de fatos, escrevendo as respostas de seu(sua) parceiro(a) às seguintes perguntas:

- *O que você gosta do seu trabalho?*
- *Quais as habilidades que você admira nos outros?*
- *O que ficaríamos surpresos de saber a seu respeito?*

Faça com que cada membro apresente seu(sua) parceiro(a) através do desenho e das respostas às três perguntas. Após as apresentações, cole com fita adesiva todos os desenhos e folhas de fato às paredes pela duração do programa.

Cartão Vermelho/Cartão Verde

OBJETIVOS
- Reconhecer a importância da primeira impressão.
- Identificar e demonstrar os elementos de uma boa primeira impressão.

Tamanho do Grupo:
Qualquer tamanho.

Materiais:
Cartões vermelhos e verdes 7 × 12 cm.

Tempo:
10 minutos.

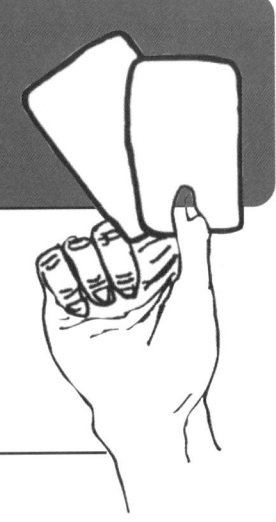

Instruções

Passe um cartão verde ou vermelho para cada membro da equipe (metade recebe uma cor, a outra metade a outra). Explique que a cor do cartão que estão segurando indica o tipo de primeira impressão que eles criarão durante a atividade.

Aqueles com cartões verdes gostam de encontrar outras pessoas e apreciam a interação. Pergunte ao grupo o que eles fariam para criar esse tipo de impressão face a face (por exemplo, fazer contato olho a olho, sorrir, cumprimentar).

As pessoas com os cartões vermelhos, por outro lado, não se importam com relacionamentos interpessoais. De fato, a vida seria ótima se todas essas pessoas simplesmente não estivessem por aqui. Elas ficariam contentes de ir para um canto e ficarem sozinhas! Faça o grupo descrever o que fariam para criar esse outro tipo de primeira impressão (por exemplo, evitar contato olho a olho, dar respostas curtas, usar linguagem do corpo negativa).

Agora, diga à equipe que quando você falar "Vá", as pessoas terão uma chance de criar uma primeira impressão com todas as demais pessoas na sala. Aquela impressão deve se basear na cor do cartão que receberam. Peça-lhes para interagirem com tantas pessoas quanto possível em 25 segundos. (Elas não precisam levar seus cartões durante a atividade. De fato, é melhor que não o façam – isso vai demonstrar melhor o poder das primeiras impressões.)

Questões para Discussão

1. Cartões verdes, vocês podiam identificar quem eram os cartões vermelhos? Como?
2. Cartões vermelhos, quando os cartões verdes se aproximaram de vocês, foi difícil manter seu comportamento de cartão vermelho? Por quê?
3. Por que é tão importante criar uma primeira impressão positiva?

Cumprimente

OBJETIVOS
- Fazer com que todos se conheçam.
- Perceber os benefícios de compartilhar informações.
- Energizar o grupo.

Tamanho do Grupo:
Qualquer tamanho.

Materiais:
Nenhum.

Tempo:
15 a 20 minutos.

Instruções

Faça com que os participantes se reúnam em pares. Cada par deve criar um cumprimento de aperto de mãos. O aperto de mãos deve ter três movimentos e um efeito sonoro ou frase. Dê-lhes alguns minutos para desenvolverem e praticarem seu aperto de mãos.

Depois, faça com que cada par se reúna com outro par. Faça com que eles coloquem seus cumprimentos juntos, formando um cumprimento com seis movimentos, com dois efeitos sonoros. Dê ao grupo de quatro pessoas tempo para praticar.

Faça com que cada grupo de quatro se reúna a outro grupo de quatro, colocando juntos seus cumprimentos para um aperto de mãos de doze partes e quatro efeitos sonoros. Se o tempo permitir, faça cada grupo de oito apresentar seu cumprimento à equipe toda.

Variações

Você pode parar isso em quatro ou continuar com a versão de oito pessoas (mais desafiadora). Existem muitas maneiras de adaptar esse jogo, dependendo da quantidade de pessoas que você tem no seu grupo.

Questões para Discussão

1. Como você aprendeu o cumprimento de aperto de mãos de doze partes sem se sentir sobrecarregado?
2. Que aspecto desse processo foi fácil? Desafiador?
3. Em quais maneiras isso se relaciona com o compartilhamento de informações e a aprendizagem de cada um no trabalho?

Knick-Knack

OBJETIVOS
- Descobrir os desafios da multitarefa.
- Experimentar a dificuldade de ir e vir entre tarefas.

Tamanho do Grupo:
8 a 12 funcionam melhor.

Materiais:
Bola *Koosh* e *hacky sack* (ou quaisquer dois pequenos materiais diferentes).

Tempo:
10 minutos.

Instruções

Coloque o grupo em círculo. Na sua mão direita, segure uma bola *koosh* ou algo semelhante. Na sua mão esquerda, segure um *hacky sack* ou semelhante (quaisquer dois diferentes tipos de itens funcionarão).

Mostre a bola *koosh* para a pessoa à sua direita, e diga: "Isto é um *knick*". Então a pessoa à sua direita responde: "Um o quê?" Você responde: "Um *knick*". A pessoa responde dizendo "Obrigado" e pega o *knick*.

Ele então repete o processo com a pessoa à sua direita, porém quando ela diz "Um o quê?", ele em vez de responder volta para você e lhe pergunta novamente "Um o quê?".

Você responde "Um *knick*", e ele então repete para a pessoa que acabou de perguntar a ele. Após responder com um "Obrigado", ela pega o "*knick*", então mostra à pessoa seguinte e diz "Isto é um *knick*".

Aquela pessoa responde com "Um o quê?" e os "Um o quê?" continuam de volta até você. Você novamente responde "Um *knick*", que é passado pessoa a pessoa até a pessoa que está para ser presenteada com o *knick*.

Com cada repetição de passagem do *knick*, cabeças se viram de um lado para o outro, enquanto as perguntas e respostas seguem seu caminho em torno do círculo.

Enquanto isso está acontecendo com o *knick*, o mesmo processo está ocorrendo no sentido contrário com o *knack*.

Questões para Discussão

1. Qual foi seu maior desafio nesta atividade?
2. Por que foi tão difícil acompanhar o que você estava fazendo?
3. Quais foram algumas das falhas em ter que variar entre tarefas, em vez de se focar em apenas uma coisa?
4. Quais são algumas maneiras pelas quais as multitarefas impactam a equipe?

3

Motivação

Habilidade é o que você é capaz de fazer. Motivação determina o que você faz. Atitude determina quão bem você o faz.

Lou Holtz

A Lista do Balde

OBJETIVO
- Criar um painel de visão pessoal consistindo de visões e de metas.

Tamanho do Grupo:
Qualquer tamanho.

Materiais:
Diversas revistas (de grande variedade para despertar inspiração), tesouras, cola ou fita adesiva, cartolina ou papel de *flipchart*, canetas marcadoras.

Tempo:
20 a 30 minutos.

Instruções

Distribua uma folha de cartolina ou de papel de *flipchart* para cada pessoa a fim de que ela crie seu próprio painel de visões. Pergunte a todos quais são suas metas para os próximos três a cinco anos. Com suas metas em mente, convide a todos para cortarem quaisquer palavras ou fotografias das revistas que estejam em consonância com aquelas metas e sonhos para que criem suas declarações pessoais de visão, declarações de missão, e metas para os próximos três a cinco anos, com base em seus painéis de visão.

Embora essa seja uma atividade fundamentalmente individual, trabalhar em equipe e ser capaz de compartilhar ideias ajudam a clarificá-las e a fornecer *insights* para os indivíduos. Como esses painéis de visão, declarações de visão e de missão podem ser uma fonte de inspiração para os membros da equipe, faça com que sejam apresentados ao grupo ou coloque-os em locais apropriados em suas áreas de trabalho. Se você utilizar papel pesado de alta qualidade, a aparência final e a sensação de produto acabado serão uma lembrança de alta qualidade das metas fixadas naquele dia.

Variações

Você pode facilmente adaptar essa atividade para refletir a visão e a missão da equipe. Nesse caso, é essencial criar um produto de alta qualidade que possa ser colocado em um local que a equipe possa ver regularmente.

Dicas

Encoraje a confiabilidade estabelecendo um *follow-up*. Faça com que cada pessoa troque informações e mantenha contato com pelo menos uma outra e se comprometa a fazer contato em um prazo de duas semanas para compartilharem o seu progresso. Faça com que todos coloquem isso em suas agendas imediatamente.

Notas

Definições rápidas, no caso de você precisar de explicações adicionais:

- **Visão:** O que você quer ser quando crescer; como você vê o futuro.
- **Missão**: Comunicar ao mundo quem você é, o que você faz e como o faz em 25 palavras ou menos.
- **Metas:** Declarações gerais sobre sua direção nos próximos anos.
- **Objetivos:** Tarefas e táticas específicas para conquistar suas metas; tipicamente, objetivos para seguir um conceito SMART (isto é, *specific, measurable, attainable, realistic, time-bound* – ou seja, específico, mensurável, atingível, realista, com tempo definido – SMART significa "esperto" em inglês).

Questões para Discussão

1. Ainda que nossas metas e nossas declarações de visão e de missão sejam altamente pessoais, que impacto teria abri-las e compartilhar essa informação, como estamos fazendo hoje?
2. Agora que você criou essa visão para você mesmo(a), qual o próximo passo?
3. Como você pode implantar esse passo e os próximos?

Como Avançamos?

OBJETIVOS
- Mostrar como criamos o contexto de nosso trabalho.
- Gerar ideias para aumentar a motivação no local de trabalho.

Tamanho do Grupo:
Qualquer tamanho.

Materiais:
12 copos plásticos para cada equipe, cronômetro.

Tempo:
20 a 30 minutos.

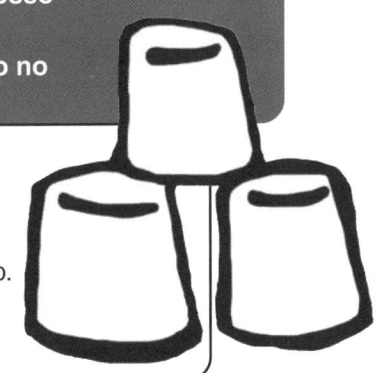

Instruções

Separe grupos grandes em equipes de sete. Cada equipe recebe 12 copos de plástico. Em seguida, demonstre como empilhar e desempilhar os copos, fazendo três pirâmides deles. As pirâmides à esquerda e à direita possuem dois copos como base e um no topo. A pilha do meio é uma pirâmide com três-dois-um copo: três embaixo, dois no meio e um em cima. Cada equipe tem seis empilhadores e um cronômetro. Se houver membros extras para as equipes, você pode improvisar as necessidades ou nomear um ou dois "observadores".

As equipes se cronometram ao cumprirem a tarefa e então fazem duas novas tentativas para melhorar seu tempo.

A tarefa: a primeira pessoa empilha, a segunda desempilha, a terceira empilha, a quarta desempilha, a quinta empilha, e a sexta desempilha.

Como início, a primeira pessoa coloca suas mãos sobre a mesa e no sinal de "Começar" começa a empilhar. O cronômetro para quando a sexta pessoa coloca suas mãos sobre a mesa. O desempilhamento pode começar somente após o primeiro empilhador ter completado todas as três pilhas.

Questões para Discussão

1. O que sua equipe fez para melhorar a produtividade?
2. Qual foi a "tarefa"? Qual foi o "contexto" que sua equipe criou?
3. Como poderíamos criar um contexto semelhante com nossas tarefas no trabalho?

Dicas

Esta atividade é um grande trampolim para um debate sobre tarefa e contexto. Qualquer tarefa é neutra – nem boa, nem ruim, nem divertida, nem aborrecida. O contexto que criamos torna a tarefa recompensadora.

O Escritório

OBJETIVOS
- Avaliar nossas atitudes e como elas impactam nossas energia e motivação.
- Demonstrar que focar nos aspectos negativos de uma situação diminui os níveis de energia, enquanto focar nos aspectos positivos aumenta os níveis de energia.

Tamanho do Grupo:
Até 20.

Materiais:
Flipcharts, canetas marcadoras, espaço suficiente para dois grupos de debate.

Tempo:
30 minutos.

Instruções

Divida o grupo ao meio. Cada grupo recebe um *flipchart* e canetas marcadoras.

O primeiro grupo discute uma má experiência de trabalho (por exemplo, liderança fraca, mau ambiente, colega de trabalho difícil) de um emprego anterior. Faça com que as pessoas registrem suas ideias juntamente com ilustrações no *flipchart*.

O segundo grupo discute uma experiência positiva (por exemplo, um bom chefe, boa filosofia da empresa, boa camaradagem, colegas de trabalho que dão apoio), no passado *ou* no presente. Peça-lhes que registrem seu debate juntamente com ilustrações no *flipchart*.

Enquanto os grupos estão debatendo, ofereça qualquer orientação que seja necessária. Note, também, as diferenças na energia e entusiasmo geral, ou, ainda melhor, peça a dois dos participantes para atuarem como observadores – eles poderão fornecer percepções valiosas no debate de *debrief*. Peça-lhes que tomem nota sobre o que observarem.

Após 10 a 15 minutos, reúna todas as pessoas. Peça a cada grupo que faça uma breve apresentação dos seus destaques de más e boas experiências.

O grupo que debateu as experiências ruins fala em primeiro lugar. Quando o grupo que debateu suas experiências positivas tiver concluído, vá direto para o debate de *debrief*.

Dicas

Após as apresentações, você pode querer que o grupo que discutiu experiências ruins de trabalho saiba que você apreciou as emoções residuais que seus participantes experimentaram devido ao seu debate e agradecer a eles por sua disposição de reviver novamente aquelas emoções.

Após o debate de *debrief*, faça um jogo de energização divertido, como o Esticando o Parceiro, para elevar o nível de energia geral.

Questões para Discussão

1. Como você se sente ao discutir suas experiências ruins?
2. Observadores: o que vocês notaram?
3. Quando focamos no negativo, os níveis de energia tendem a baixar e como resultado nos sentimos sugados. Ao focarmos no positivo, nossos níveis de energia se elevam e nos sentimos energizados. Se a energia é motivação, como podemos usar essa informação para melhorar nossa atual equipe e nosso ambiente de trabalho?

Reveja

OBJETIVOS
- Fazer acompanhamento das informações obtidas no programa.
- Criar uma recordação do programa.

Tamanho do grupo:
Qualquer tamanho.

Materiais:
Cópias do formulário "O que Ganhei com Esse Treinamento" (fornecido).

Tempo:
15 minutos.

Instruções

Ao final de um *workshop*, passe uma cópia do formulário "O que Ganhei com Esse Treinamento" para cada membro do grupo. Peça aos participantes para preencherem cada quadrado com dicas, informações e recordações relativas às suas experiências.

Após cinco minutos, peça-lhes que trabalhem em pequenas equipes de quatro ou cinco pessoas para compartilhar ideias e acrescentá-las aos seus formulários.

Abra o debate para o grupo completo, convidando os participantes a continuarem a adicionar anotações em seus formulários, se sentirem necessário.

Variações

Passe o formulário no *início* do *workshop*, e encoraje os participantes a fazerem anotações no mesmo ao longo do dia, à medida que queiram, ou reserve um tempo antes dos intervalos para acompanhar seus pensamentos e compartilhar ideias. Como revisão, repasse as perguntas para debate ao final do programa.

Questões para Discussão

1. Como você se sente sobre sua experiência hoje? A que você atribui esses sentimentos?
2. Que conhecimento ou informação você levará hoje? De onde veio esse conhecimento? Como você pode continuar a aprender de cada colega após o *workshop*?
3. Quais ideias novas você teve? Quais foram algumas boas lembranças?
4. Que ação você pretende tomar como resultado de sua experiência de hoje?

FOLHETO

O que Ganhei com Esse Treinamento

Sentimentos	Conhecimento
Ideias	Ações a tomar

A Figura Toda

OBJETIVOS
- Fazer um *brainstorm* sobre as qualidades de uma equipe de sucesso.
- Considerar as contribuições individuais para a equipe.
- Criar uma recordação para levar do programa.

Tamanho do Grupo:
Qualquer tamanho.

Materiais:
Papel de *flipchart* ou cartolina para cada grupo, canetas marcadoras.

Tempo:
20 a 30 minutos.

Instruções

Peça aos participantes para formarem grupos de quatro a sete. Forneça a cada grupo papel de *flipchart* e marcadores.

Os grupos deverão criar um desenho que demonstre as qualidades de uma equipe de sucesso, incluindo as contribuições individuais que sejam necessárias para despertar essas qualidades. Por exemplo, o grupo poderia desenhar um sol. No meio do sol, poderia escrever todas as qualidades que formam uma equipe (confiança, comunicação etc.). Nos raios saindo do sol, o grupo poderia escrever as contribuições dos membros da equipe (por exemplo, ser um bom ouvinte, disposto a ajudar os outros, ser confiável).

Após 15 minutos, peça aos grupos para apresentarem os cartazes para a equipe toda.

Dicas

Em vez de reprimir qualquer criatividade, deixe que os grupos sigam em frente com este jogo. Prepare-se para ficar surpreso!

Questões para Discussão

1. Quais foram algumas maneiras pelas quais essas qualidades e características foram demonstradas ao longo do programa?

2. O que podemos fazer para nos assegurarmos de que estamos incorporando essas qualidades e características em nosso trabalho diário?

Somos Número 1!

OBJETIVOS
- Criar uma forte identidade de equipe.
- Tornar tangível o conceito de "equipe".

Tamanho do Grupo:
Até 28.

Materiais:
Papel de *flipchart*; canetas marcadoras; cartolina grossa; fita adesiva; tesoura; materiais diversos de artesanato como esponja, limpadores de cachimbo, penas, quadrados de feltro, e adesivos.

Tempo:
20 a 30 minutos.

Instruções

Neste jogo, a equipe tem o trabalho de criar sua própria identidade única. Exatamente como seus times de futebol possuem escudos e logos, assim também terá a equipe.

Como o primeiro passo é fazer um *brainstorm*, assim divida qualquer equipe grande em grupos de quatro a sete pessoas.

Peça-lhes para pensarem sobre a equipe pela qual se reuniram para criar. (Lembre-se, é para considerar a equipe *inteira* não apenas os grupos de *brainstorm* de quatro a sete membros.)

Peça a cada grupo para fazer um *brainstorm* de quatro minutos sobre quem eles são e o que representam.

Para iniciar o debate, escreva essas perguntas em uma folha de *flipchart* ou quadro branco:

- Como você descreveria sua equipe?
- O que fazemos bem feito?
- Como somos como indivíduos?
- Como nos parecemos?
- O que é excelente sobre nossa equipe?

Após as sessões de *brainstorm*, reúna a equipe toda para discutir as ideias sobre quem eles são e o que representam. Essas ideias podem ser registradas em um *flipchart* pelo facilitador ou por um voluntário da equipe. Agora que todos estão "na mesma página", você pode dividir o trabalho. Dê a cada grupo uma tarefa diferente:

1. Criar um nome.
2. Criar um logo para a equipe.
3. Criar uma mascote para a equipe.
4. Escrever um lema para a equipe.

Quando todos os grupos tiverem terminado, faça-os apresentarem sua parte da identidade da equipe.

Variações

Peça a cada grupo para desenvolver todos os quatro componentes da identidade da equipe. Quando todos os grupos tiverem acabado, peça-lhes para "venderem" suas identidades para o grupo todo. O grupo todo, então, decide qual identidade de equipe o descreve melhor, ou reúne componentes dos diferentes grupos para criar sua identidade própria.

Questões para Discussão

1. De que maneiras é benéfico a uma equipe ter sua própria identidade?
2. De que formas podemos incorporar a nossa identidade em nosso ambiente de trabalho diário?

A Pior Equipe de Sempre

OBJETIVOS
- Despertar a consciência dos obstáculos à criação de uma grande equipe.
- Tornar-se a melhor equipe de sempre!

Tamanho do Grupo:
Qualquer tamanho.

Materiais:
Papel de *flipchart*, canetas marcadoras.

Tempo:
20 a 30 minutos.

Instruções

Separe os membros da equipe em grupos de cinco a sete. Dê a cada grupo papel de *flipchart* e canetas marcadoras.

Os grupos terão então 20 minutos para criar um cartaz descrevendo a pior equipe de sempre, incluindo as qualidades e características da pior equipe, como ilustração.

Após 20 minutos, peça aos grupos que apresentem seus trabalhos.

Dicas

Pode ser que você precise monitorar esse jogo para não serem criadas "saias justas". Ele deve ser feito de forma divertida e ter um resultado positivo.

Questões para Discussão

1. Nós já experimentamos ou demonstramos algumas dessas qualidades? Por quê? O que podemos fazer a respeito?

2. Em seu debate sobre a pior equipe de sempre, você citou algumas qualidades da melhor equipe de sempre? Quais foram elas?

3. Como esta atividade pode nos ajudar a nos tornarmos a melhor equipe de sempre?

4. Qual é nossa responsabilidade individual na criação da melhor equipe de sempre?

Minha Querida Dama

OBJETIVO
- Demonstrar que o efeito Pigmaleão pode desempenhar um papel importante ao se trabalhar com membros de equipe.

Tamanho do Grupo:
Qualquer tamanho.

Materiais:
Papel de *flipchart*, caneta marcadora.

Tempo:
10 a 15 minutos.

Instruções

Prepare uma folha de *flipchart* escrevendo uma definição do efeito Pigmaleão:

O efeito Pigmaleão: Uma vez que uma expectativa é criada, ainda que incorreta, tendemos a nos comportar de uma forma consistente com aquela expectativa. Com frequência surpreendente, o resultado é que a expectativa, como mágica, se realiza.

Pergunte ao grupo se eles conhecem o musical Minha Querida Dama. Revise para eles a premissa de que as pessoas frequentemente alcançam o nível de expectativas que outras ou elas mesmas determinam.

De fato, diversos estudos verificaram que essa abordagem de trabalhar com pessoas realmente funciona.

Em grupos de três ou quatro, peça às equipes para discutirem exemplos que tenham ouvido ou até talvez mesmo tenham sido envolvidas pessoalmente onde um gerente ou líder de equipe usaram esse princípio.

Questões para Discussão

1. O que você já ouviu sobre o efeito Pigmaleão?
2. Você pode pensar sobre alguns exemplos quando um superior, gerente ou talvez um professor tenha usado essa ideia?
3. Você alguma vez usou este princípio com algum membro de sua equipe? E com seu chefe? Com alguém em sua família? Qual foi o resultado?
4. Você pode ver qualquer aspecto negativo no uso desse princípio?

Comunicação

É um luxo ser compreendido.

Ralph Waldo Emerson

Ajuste de Atitude

OBJETIVOS
- Descobrir o poder da atitude.
- Perceber que controlamos nossa atitude, o que impacta nossa energia e motivação.

Tamanho do Grupo:
Qualquer tamanho.

Materiais:
Nenhum.

Tempo:
10 a 15 minutos.

Instruções

Faça com que os membros do grupo se reúnam em pares. Essa atividade consiste de duas rodadas. Cada pessoa terá a oportunidade de transmitir algumas informações. Peça às duplas para decidirem quem irá primeiro (ou apenas indique a pessoa que mora mais próximo do trabalho, tem os maiores sapatos, ou alguma outra característica divertida).

Rodada Um: A primeira pessoa diz a seu(sua) parceiro(a) algo que gosta de fazer ou alguma coisa pela qual é apaixonado(a). Dê-lhe um minuto e depois é a vez da outra pessoa. Discuta como elas comunicaram suas paixões.

Rodada Dois: A primeira pessoa conta *a mesma história* que contou antes, exceto agora ele(a) está tendo um dia horrível, acordou do lado errado da cama, e simplesmente não se importa. A diferença é a atitude. Dê ao(à) parceiro(a) um minuto para compartilhar sua versão da história. Discuta como elas comunicaram suas atitudes negativas.

COMUNICAÇÃO **77**

Dicas

Tenha um rápido energizador para acabar com nível forte! Para facilitar, peça aos participantes para colocar suas canetas entre os dentes, forçando suas faces a uma posição de sorriso. Foi provado que isso envia endorfinas que elevam a energia. TA-Dá!

Questões para Discussão

1. O que você percebeu sobre o nível de energia durante as duas rodadas do jogo?
2. Se pudemos mudar essa sensação positiva em negativa tão facilmente, é possível também transformar negativas em positivas tão facilmente também? Por que ou por que não?
3. Quais os benefícios de ajustar nossa atitude? Como isso impacta nossa equipe?
4. Quais são algumas estratégias que podemos usar para fazer isso?

Desenho

OBJETIVOS
- Permitir que os membros da equipe considerem as desvantagens da comunicação em via única.
- Encorajar os participantes a esclarecerem sua compreensão ao receberem mensagens.

Tamanho do Grupo:
Esta atividade funciona melhor para até 12 participantes. Para um grupo grande, divida em grupos menores.

Materiais:
Cópias de um folheto de desenho (fornecido), folhas de papel adicionais, canetas.

Tempo:
10 a 20 minutos.

Instruções

Peça a todos os participantes que fiquem um atrás do outro em fila única. Mostre rapidamente o desenho original à última pessoa da fila. Com seu dedo, ela "desenha" a figura nas costas da pessoa à sua frente, que então repete esse passo para a pessoa à sua frente, e assim por diante até a primeira pessoa da fila. Quando a primeira pessoa da fila finalmente recebe a "mensagem", ela então a desenha em uma folha de papel.

Compare todos os desenhos finais com os originais para ver quantas mensagens diferentes foram recebidas.

Questões para Discussão

1. Quando a comunicação começa a se romper?
2. Quais são algumas razões para nossas falhas de comunicação?
3. O que podemos fazer para ter a certeza de que nossa mensagem é compreendida?
4. O que você aprendeu sobre comunicação que pode aplicar em seu local de trabalho?

FOLHETO

Figura do Desenho

Emoticons Humanos

> **OBJETIVOS**
> - Demonstrar o poder da linguagem corporal em nossa comunicação face a face.
> - Aumentar nossa consciência sobre as mensagens não-verbais que enviamos.

Tamanho do Grupo:
Qualquer tamanho.

Materiais:
Cópias dos cartões de *Emoticons* Humanos recortados e folhetos de *Emoticons* Humanos (todos fornecidos), folhas de papel adicionais, canetas.

Tempo:
10 a 20 minutos.

Instruções

Antes da sessão, recorte os cartões de *Emoticons* Humanos, ou copie as palavras em cartões de 7 × 12 cm (certifique-se de ter numerado os cartões).

Peça voluntários para jogarem uma partida rápida de *emoticons* – um jogo onde eles demonstrarão uma emoção sem usar quaisquer palavras ou sons. Devido a existirem 12 cartões de *Emoticons* Humanos, 12 voluntários seriam o ideal. Permita que cada voluntário escolha um cartão; então peça a todos os voluntários para saírem da sala e se prepararem para seus papéis. Dê-lhes dois a três minutos para praticar e ajudar os outros voluntários.

Diga aos que permaneceram na sala que eles não devem gritar sua resposta a cada demonstração. Eles deverão escrever suas interpretações em suas cópias do folheto de *Emoticons* Humanos ou em uma folha de papel numerada. (Isso irá iniciar um debate sobre interpretação.)

Chame os voluntários e, um de cada vez, peça a cada um para interpretar a emoção de seu cartão de *Emoticons* Humanos. Peça ao resto do grupo para escrever suas interpretações de todas as *emoticons* que estão sendo demonstradas.

Após as 12 demonstrações, verifique se os que responderam deram a interpretação "correta".

Variações

Para uma alternativa que use menos papel, você pode fazer com que os participantes gritem suas adivinhações. Peça aos voluntários para tomarem nota das adivinhações no verso de seus cartões. Então, discuta as adivinhações após todos os voluntários terem apresentado seus papéis.

Questões para Discussão

1. Quão poderosa é a comunicação não-verbal?
2. Nós interpretamos as mensagens não-verbais da mesma forma? Por que não? Qual é a interpretação "correta"?
3. Com base nesta atividade, que coisas devemos ter em mente com relação às mensagens não-verbais que enviamos?

RECORTE

Cartões de *Emoticons* Humanos

Copie e recorte os seguintes cartões para entregar à sua equipe.

1. Tristeza	2. Alegria
3. Choque	4. Curiosidade
5. Ira	6. Surpresa
7. Descrença	8. Compreensão
9. Felicidade	10. Medo
11. Entusiasmo	12. Confusão

FOLHETO

Emoticons Humanos

Minha Interpretação

1. _____
2. _____
3. _____
4. _____
5. _____
6. _____
7. _____
8. _____
9. _____
10. _____
11. _____
12. _____

Intenção do Voluntário

1. _____
2. _____
3. _____
4. _____
5. _____
6. _____
7. _____
8. _____
9. _____
10. _____
11. _____
12. _____

Oh

OBJETIVOS
- Demonstrar o poder do tom em nossa conversa verbal.
- Tomar consciência de como nosso tom pode influenciar a forma como nossas mensagens são compreendidas pelos outros.

Tamanho do Grupo:
Qualquer tamanho.

Materiais:
Folha de papel e caneta.

Tempo:
10 a 20 minutos.

Instruções

Esta é uma maneira rápida e divertida de demonstrar o poder do tom em nossa comunicação verbal.

Como facilitador, escreva a palavra "Oh!" em uma folha de papel de modo que todos na equipe possam vê-la. Peça à equipe para dizer a palavra, e oriente as pessoas a dizê-la em voz alta. Agora, diga-lhes o seguinte:

A simples palavra "Oh" diz muito pouco enquanto vocês a veem escrita aqui. No entanto, quando falamos a palavra "Oh", ela pode ter muitos significados diferentes, de acordo com a maneira pela qual é falada. Vou ler para vocês algumas intenções diferentes, e após eu ter lido cada uma, por favor comunique aquela intenção dizendo a palavra "Oh" no tom de voz apropriado.

Então, leia cada uma das seguintes intenções, e espere que o grupo verbalmente demonstre o tom. Você pode querer falar o primeiro com eles para dar início.

- Você me surpreendeu!
- Eu cometi um erro.
- Você enche minha paciência.
- Você me faz muito feliz.

- Estou aborrecido.
- Estou fascinado.
- Compreendo.
- Não compreendo.

Variações

Use a palavra "poxa" ou repasse a lista duas vezes usando ambas as palavras.

Questões para Discussão

1. Como pode uma palavra ter tantos significados?
2. O que pode esta simples atividade nos ensinar sobre o poder do tom?
3. Qual é a boa lição dessa atividade?

Irmãos Laranja

OBJETIVOS
- Praticar as habilidades de colaboração e de negociação.
- Descobrir a importância da habilidade de fazer perguntas.
- Procurar negociações vencer-vencer.

Tamanho do Grupo:
Qualquer tamanho.

Materiais:
Cópias do *script*: recorte dos Irmãos Laranja (fornecido); para um visual mais limpo, você pode ter uma laranja, um prato de papelão e uma faca de plástico para cada par.

Tempo:
15 minutos.

Instruções

Faça com que os participantes se reúnam em pares. Distribua cópias do recorte do *script*: um parceiro pega o recorte Valencia; o outro pega o Navel. Cada pessoa lê o seu recorte e pode compartilhar apenas a informação que seja solicitada especificamente por seu/sua parceiro(a). Dê-lhes um minuto para ler o *script*; então, peça que eles iniciem as negociações.

Questões para Discussão

1. Alguém teve que cortar a laranja ao meio? Por que isso foi necessário – ou não?
2. Qual foi seu resultado? Como você o alcançou?
3. Ocorreu algum potencial para um resultado vencer-vencer nessa negociação?
4. Nós buscamos uma solução vencer-vencer em nossas negociações? O que é necessário para chegar lá?

RECORTES

Script: Os Irmãos Laranja

Laranja Navel:

Navel e Valencia, os irmãos Laranja, são persistentes, orientados para objetivos e desejosos de fazer o que for necessário para atender suas necessidades. Eles são determinados e um pouco teimosos e podem ser competitivos.

Navel, você aspira a ser um *chef*. De fato, uma de suas mais recentes criações culinárias foi inscrita em uma grande competição. O prêmio é um curso de uma semana em internato com o seu *chef* favorito, Emeril Lagasse.

A receita de seu bolinho pede um sabor de laranja, o qual você obtém raspando a casca da laranja. Você está com um prazo apertado, então não tem tempo para ir à loja. Não fique preocupado, existe uma laranja em casa. Mas espere... seu irmão a está pegando... é melhor começar a negociar!

Laranja Valencia:

Navel e Valencia, os irmãos Laranja, são persistentes, orientados para objetivos, e desejosos de fazer o que for necessário para atender suas necessidades. Eles são determinados e um pouco teimosos e podem ser competitivos.

Valencia, você é a pessoa ligada em saúde na família. Você é dedicado à vida saudável; assim, você é muito disciplinado e rigoroso com qualquer coisa que planeja.

Sua nova dieta de boa forma exige suco de laranja fresca espremido precisamente às 16h, que já está chegando. Não fique preocupado, existe uma laranja em casa. Mas espere... seu irmão a está pegando... é melhor começar a negociar!

Diga o Quê?

OBJETIVOS
- Superar barreiras à comunicação.
- Mostrar como tanto o mensageiro como o receptor desempenham papéis importantes no processo de comunicação.

Tamanho do Grupo:
Qualquer tamanho.

Materiais:
Nenhum.

Tempo:
10 a 15 minutos.

Instruções

Esta atividade rápida demonstra o que é necessário para ser compreendido. Divida o grupo em três equipes, e enfileire-as em três linhas paralelas (grupos maiores podem ser divididos em grupos menores de três equipes).

O objetivo do jogo é que a equipe de um lado tente passar uma mensagem para a equipe no outro lado, enquanto a equipe no meio tenta abafar a mensagem de todas as maneiras possíveis.

- A Equipe 1 é a que envia a mensagem.
- A Equipe 2 é a que recebe a mensagem.
- A Equipe 3 é a que perturba.

Dê alguns minutos às equipes para criarem suas estratégias antes de iniciarem. A equipe que envia a mensagem também precisará de tempo para criá-la e enviá-la (com pelo menos três frases de comprimento).

Questões para Discussão

1. Como você recebeu sua mensagem?
2. O que os mensageiros fizeram para ter certeza de que você recebeu a mensagem correta?
3. Sua estratégia mudou durante a atividade? De que forma?
4. Quantas maneiras diferentes foram usadas para comunicar as mensagens?
5. Quais foram as maneiras mais eficientes? Por quê?
6. Quais as razões pelas quais nossas mensagens ficam "abafadas" no local de trabalho? O que podemos fazer para evitar que isso ocorra?

Qual a sua História?

OBJETIVOS
- Fazer com que as pessoas se conheçam melhor.
- Identificar os elementos de uma audição eficiente.

Tamanho do Grupo:
Qualquer tmanho.

Materiais:
Nenhum.

Tempo:
10 minutos.

Instruções

Faça com que todos achem um parceiro. Diga a cada par para decidir qual deles será o primeiro contador de histórias. O contador de histórias terá dois minutos para contar uma história ao seu parceiro. Os assuntos da história podem incluir um período recente de férias, uma situação divertida, uma experiência interessante ou um *hobby*. O trabalho do parceiro que escuta é de simplesmente escutar. Após dois minutos, peça que troquem de papel.

O passo seguinte é para todos encontrarem novos parceiros. Desta vez, a história que eles ouviram se torna "a história deles". Eles têm dois minutos cada para conduzir aquela história ao seu novo parceiro como se ela tivesse lhes acontecido.

Questões para Discussão

1. Quão bem você ouviu?
2. Se a pessoa original estivesse sentada ao seu lado, quão bem ela acharia que você captou a sua história?
3. O que é necessário para ser um bom ouvinte?

Grudado como Cola

OBJETIVOS
- Superar desafios de comunicação para permanecerem juntos como equipe.
- Demonstrar paciência e oferecer apoio mútuo.

Tamanho do Grupo:
10 a 30.

Materiais:
Fita adesiva ou corda.

Tempo:
15 a 20 minutos.

Instruções

Crie uma linha de partida e uma de chegada com 1,50 a 2 metros de distância. A linha deve ser suficientemente comprida para que os membros da equipe possam ficar lado a lado durante a atividade. Peça à equipe para se posicionar antes da linha de partida, e informe-a que sua meta é alcançar a linha de chegada como uma equipe.

Para ter certeza de que eles trabalharão como equipe, cada membro do grupo terá seus pés colados à pessoa ao seu lado (as partes externas dos pés deverão permanecer em contato constante). Ao andarem da linha de partida à linha de chegada, se os pés de algum participante se soltarem toda a equipe começa de novo.

Dicas

Quanto maior o grupo, menor a distância da linha de partida à linha de chegada. Para dez participantes, 1,50 a 2 metros está adequado. Se você tiver entre 20 e 30 no seu grupo, mantenha a distância entre 1,20 e 1,5o metros. Pode ser um grande desafio 30 pessoas coordenarem seus movimentos para atingir suas metas.

Questões para Discussão

1. Como foi a comunicação dentro da equipe?
2. Foram ouvidas todas as ideias? Por que sim ou por que não?
3. Como a equipe se uniu para ter sucesso?
4. O que você aprendeu?

5

Construindo Confiança

Você não pode dar um aperto de mãos com os punhos cerrados.

Mahatma Gandhi

De Costas

OBJETIVOS
- Para os membros da equipe compararem experiências usando diferentes métodos de comunicação.
- Desenvolver confiança entre os membros da equipe.
- Melhorar as habilidades de comunicação verbal.

Tamanho do Grupo:
Qualquer tamanho.

Materiais:
Papel, canetas, Modelos de Amostras de Desenhos (fornecidos), prancheta (opcional).

Tempo:
15 minutos.

Instruções

Faça os participantes se reunirem em pares e sentarem de costas um para o outro. Uma pessoa – *o artista* – pega a prancheta e a caneta; a outra – *o diretor* – pega um modelo de um desenho. O objetivo do diretor é conseguir que o artista desenhe uma duplicata exata da figura usando apenas instruções verbais. (Modelos de amostras são fornecidos com este jogo.)

Na primeira parte do exercício, o diretor descreve ao artista o que desenhar, mas o artista não tem permissão para falar com o diretor. Para a segunda rodada, peça aos pares para trocarem de papel, e forneça uma segunda amostra.

Desta vez, somente durante os primeiros cinco minutos, permita que o artista faça perguntas com respostas *sim* ou *não*. Após o término dos cinco minutos, permita que o artista faça qualquer pergunta que desejar.

Quando os parceiros tiverem terminado ambas as rodadas, poderão comparar seus desenhos.

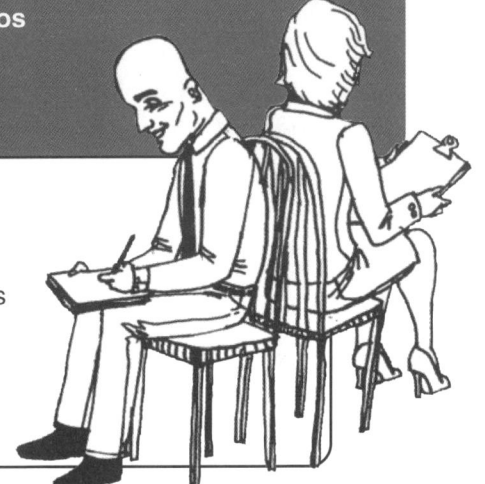

Questões para Discussão

1. Que tal foi dar instruções sem receber qualquer *feedback*?
2. A partir do momento que você podia fazer perguntas, o trabalho ficou mais fácil? Por quê?
3. Que tipos de perguntas foram mais eficazes?
4. Que tipos de situações lembram esta atividade?
5. O que podemos fazer para melhorar nossa comunicação com o próximo?

FOLHETO

Modelo 1 de Amostras de Desenho

FOLHETO

Modelo 2 de Amostras de Desenho

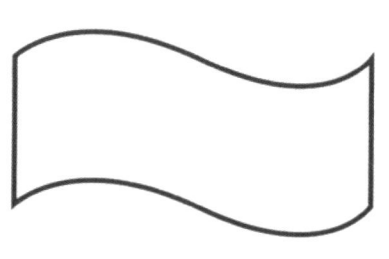

Voando às Cegas

OBJETIVOS
- Superar desafios em comunicação e conquistar um objetivo para a equipe.
- Criar consistência dentro da equipe.

Tamanho do Grupo:
6 a 12 participantes funcionam melhor.

Materiais:
Uma corda ou fita adesiva de 6 metros; uma venda; instruções por escrito preparada pelo facilitador; materiais de apoio requeridos conforme as instruções escritas, como uma cadeira, um copo, garrafa de água e óculos escuros.

Tempo:
15 a 20 minutos.

Instruções

Crie uma linha de partida de 6 metros com corda ou fita adesiva. O facilitador precisará de instruções por escrito com base nos equipamentos que o grupo irá usar nesse desafio.

Peça ao grupo para escolher o melhor ouvinte. Posicione essa pessoa 6 metros à frente da linha de partida e coloque uma venda em seus olhos. Neste momento, o ouvinte não pode falar até que o jogo termine e não pode se mover a menos que seja orientado nesse sentido.

Peça ao grupo para escolher seu melhor comunicador. Posicione essa pessoa 3 metros à frente e vire-a para ficar de frente para o grupo, que deve permanecer todo de pé na linha de partida. O comunicador não pode se virar para olhar para trás, mas lhe é permitido falar. O grupo na linha de partida não pode falar nada até que o jogo tenha terminado.

Agora, coloque alguns materiais como uma cadeira, um aro, um chapéu, uma garrafa de água, e assim por diante. Dê um conjunto de instruções escritas para o grupo na linha de partida. Por exemplo:

Peça ao comunicador para que oriente o ouvinte a colocar o chapéu, sentar na cadeira, encher um copo com água, e então bebê-la!

Sem falar, o grupo tem que fazer o comunicador compreender as orientações para que ele possa explicar ao ouvinte o que este deve fazer.

Notas

"Linguagem labial" e murmúrios para dar as instruções não são permitidos. Somente a mímica pode ser usada!

Dicas

Se você tiver um grupo grande e bastante espaço, execute dois ou três jogos simultaneamente (desde que os comunicadores não possam ver os equipamentos). O facilitador preparará então instruções diferentes por escrito para cada equipe. Se você tiver várias pessoas além do número ótimo, você pode dar a alguns membros das equipes o papel de observadores.

Questões para Discussão

1. Exceto a impossibilidade de falar, o que mais foi um desafio para essa atividade?
2. O que funcionou bem? O que não funcionou?
3. Ouvinte e comunicador, que *feedback* cada um de vocês pode oferecer de suas experiências?
4. A nossa comunicação é sempre tão efetiva quanto deveria ser?
5. Quais são algumas barreiras para a comunicação efetiva? Como podemos superá-las?

O Resto da História

> **OBJETIVOS**
> - Assumir um risco ao compartilhar informação pessoal com a equipe.
> - Aumentar o nível de conforto, assim como o de confiança dentro da equipe.

Tamanho do Grupo:
Qualquer tamanho.

Materiais:
Nenhum.

Tempo:
5 a 10 minutos.

Instruções

Faça o grupo formar equipes menores de quatro ou cinco pessoas. Cada pessoa explica o significado de algo que ele ou ela está vestindo ou usando (talvez em uma bolsa ou no bolso).

Oriente a equipe na direção correta usando você mesmo como exemplo, falando algo como:

O colar que estou usando foi feito por minha sobrinha quando ela tinha oito anos de idade. Passamos o dia juntas fazendo pendentes colocando fios prateados em torno de pedras polidas. Para mim, é uma lembrança de um dia divertido com a minha sobrinha.

Dicas

Mesmo que alguns membros da equipe possam não estar usando qualquer acessório (relógios, anéis etc.), eles ainda assim podem contar a história por trás da camisa ou sapatos que estiverem usando.

Questões para Discussão

1. Como você se sentiu ao divulgar informação pessoal?
2. Que impacto isso tem no seu nível de confiança e de conforto com sua equipe?
3. Que outras maneiras podemos usar para construir uma zona de conforto em nossas equipes?
4. Que outras maneiras podemos usar para construir o nível de confiança dentro de nossa equipe?

Snap, Clap, Tap

OBJETIVOS
- Aprender a lidar com ambiguidade e mudança.
- Obter apoio e ajuda necessários sob estresse.

Tamanho do Grupo:
Até 20.

Materiais:
Blocos grandes de Lego ou Duplo (10 por quatro ou cinco jogadores); vendas; fita adesiva; fita crepe ou corda; blocos ou papel; instruções por escrito (como orientadas).

Tempo:
20 a 30 minutos.

Instruções

Crie um limite para essa atividade usando uma fita adesiva ou uma corda para fazer um grande círculo no chão. O grupo irá construir até quatro estruturas de 10 blocos (um para cada quatro ou cinco jogadores). O círculo deve ser grande o suficiente para dois construtores por estrutura engatinharem facilmente dentro dele durante a atividade.

Separe o grupo em equipes menores de quatro a cinco pessoas. Agora peça a cada equipe para criar sua estrutura de 10 blocos. Peça a cada grupo para colocar sua estrutura em um bloco (ou papel) sobre o chão dentro da fronteira do círculo.

Agora chegou o momento de cada membro das equipes menores assumir um papel: construtor ou diretor. Cada equipe precisa de dois construtores e de dois a três diretores. Dois membros da equipe, de olhos vendados, os construtores, irão recriar a estrutura da equipe e colocá-la exatamente como estava no bloco. Os diretores – os membros da equipe que estão enxergando – os auxiliarão nessa tarefa.

Diga aos jogadores que uma vez que as pessoas estiverem vendadas, você irá desmontar e espalhar os blocos pela área de jogo (o círculo grande no chão). Dê tempo às equipes para criarem uma estratégia.

Quando todos estiverem prontos, as pessoas vendadas seguem e você – o facilitador – separa as estruturas e espalha as peças.

Enquanto isso estiver sendo feito, todos os diretores – os jogadores que enxergam – precisam ter as seguintes instruções *por escrito* para que os construtores não tomem conhecimento da mudança:

Diretores, começando agora: nada de falar. A única maneira pela qual vocês podem se comunicar com os membros de sua equipe de olhos vendados é através de sinais não-verbais: batendo palmas, dando palmadas, batendo seus pés, estalando os dedos, e assim por diante.

Daí em diante, nenhuma fala é permitida. Os jogadores com olhos vendados precisam descobrir o que está acontecendo e como fazer para obterem as informações que precisam para reconstruir as estruturas.

Dicas

Esta atividade pode ser frustrante porque a equipe havia planejado uma estratégia baseada em regras que mudam durante a atividade. É melhor usá-la com uma equipe que necessita de um desafio ou que esteja passando por mudanças no local de trabalho.

Dê a dois membros o papel de "observadores" para conseguir algum *feedback* valioso durante a discussão.

Questões para Discussão

1. Como você se sentiu quando as regras mudaram?
2. O que você teve que fazer para ter sucesso?
3. Como você superou a frustração pela qual passou?
4. Quem ao final assumiu um papel de liderança na atividade?

Ajuste da Equipe

OBJETIVOS
- Identificar alguns desafios interpessoais que podem impactar negativamente a equipe.
- Encontrar soluções através de *brainstorms* para os desafios interpessoais.

Tamanho do Grupo:
Qualquer tamanho.

Material:
Um formulário de Ajuste de Equipe (fornecido) para cada pessoa.

Tempo:
15 a 20 minutos.

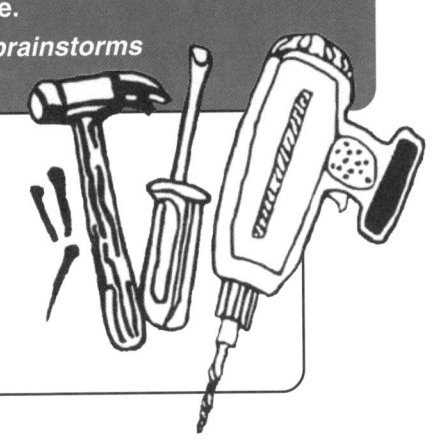

Instruções

Distribua o formulário de Ajuste de Equipe para cada membro do grupo. Permita entre 5 e 10 minutos para que completem individualmente o formulário.

Faça um *debrief* nesse momento ou continue em uma fase de resolução de problemas, subdividindo os participantes em quatro equipes – cada equipe assumindo uma das perguntas e fazendo um *brainstorm* para encontrar soluções. Então, após a sessão de *brainstorm*, faça as equipes apresentarem suas ideias.

Questões para Discussão

1. À medida que revisava esses itens, parecia-lhe que nossa equipe é uma equipe eficaz?
2. Como podemos resolver alguns dos assuntos interpessoais que podem se apresentar?
3. Como podemos fazer um ajuste na equipe de forma regular?

FOLHETO

Ajuste de Equipe

1. Que avaliação você faz sobre como está indo no geral? Onde você precisa focar sua atenção?

2. Quão bem estamos trabalhando juntos? Por que ou por que não? Como poderíamos nos ajudar mais mutuamente?

3. Que assuntos interpessoais você vê entre os membros do nosso grupo? Qual a natureza desses assuntos?

4. Que problemas, se existentes, você vê em nossos processos operacionais, comunicação, tomada de decisão, resolução de conflitos etc.?

6

Criatividade

A felicidade está na alegria da realização e na excitação do esforço criativo.

Franklin D. Roosevelt

Troca de Charadas

OBJETIVOS
- Interagir de uma maneira divertida e diferente.
- Tocar na criatividade de cada membro do grupo.
- Trabalhar junto em um ambiente de ritmo acelerado.

Tamanho do Grupo:
Qualquer tamanho.

Materiais:
Lista de Palavras de Troca de Charadas (fornecida).

Tempo:
15 a 20 minutos.

Instruções

Como o nome sugere, esta é uma competição de charadas na qual as equipes "correm contra o relógio" para ver quão rapidamente conseguem ir através de uma lista de itens.

Divida o grupo em duas ou mais equipes de cinco a oito participantes. Faça os times se espalharem para que não possam ouvir as respostas dos outros. Explique ao grupo que todos os itens da lista caem em três categorias: pequenos utensílios, super-heróis e itens de *fast food*.

Cada equipe envia uma pessoa para você – o facilitador. Cochiche a primeira palavra para cada pessoa e faça com que as pessoas voltem às suas equipes – certifique-se de que todos façam isso ao mesmo tempo – é uma corrida, afinal. Quando uma equipe adivinha a palavra que a pessoa representou, outra pessoa da equipe corre para você – o facilitador – para dar a resposta. Se a resposta estiver correta, você cochicha para aquela pessoa a palavra seguinte da lista. Todos na equipe precisam participar antes que alguém venha uma segunda vez.

Você pode criar suas próprias categorias engraçadas (três categorias funcionam bem) ou usar o formulário apresentado.

Questões para Discussão

1. Algum de vocês ficou fora da zona de conforto durante essa atividade? Como foi essa experiência para você? O que o ajudou a assumir riscos?
2. Que impacto isso tem no seu nível de confiança e de conforto com sua equipe?
3. Quais são outras maneiras de construir uma zona de conforto em nossas equipes?

FOLHETO

Palavras para Troca de Charadas

Use esta lista para acompanhar o progresso de sua equipe ao longo da atividade.

Categorias: Super-heróis, Itens de Fast Food, Pequenos Utensílios

1. Homem-Aranha
2. Controle remoto
3. Batatas fritas
4. Desfibrilador
5. Mulher Maravilha
6. Máquina de lavar louça
7. Super-Homem
8. Refeição feliz
9. Centrífuga
10. Prancha
11. Vira-lata
12. Anéis de cebola
13. Pizza calabresa
14. Batman
15. Capitão América
16. Torradeira
17. Incrível Hulk
18. McNuggets
19. Liquidificador
20. Sanduíche Subway

Como a Equipe "C" Vê

OBJETIVOS
- Focar no que é necessário para ser uma equipe eficiente.
- Reconhecer as forças e os desafios de uma equipe.

Tamanho do Grupo:
Qualquer tamanho.

Materiais:
Cópias do formulário "Como a Equipe C Vê" (fornecidas) para cada participante.

Tempo:
15 minutos.

C
OMUNICAÇÃO
OMUNS, OS OBJETIVOS
OMPAIXÃO
ONSISTÊNCIA
OMPROMETIMENTOO

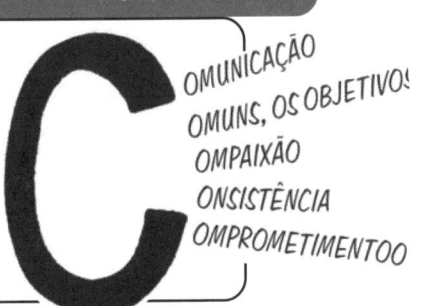

Instruções

Distribua as cópias do formulário "Como a Equipe C Vê".

Peça aos membros da equipe para pensar sobre todos os ingredientes necessários para uma equipe eficaz. Então, peça-lhes para focarem somente naqueles que começam com a letra C. Por exemplo, as palavras *comunicação*, *compaixão* e *cuidado* provavelmente serão mencionadas.

Trabalhando em grupos de três ou quatro, veja quantas palavras começando com C eles podem lembrar. Uma vez que todos tenham suas listas, peça aos grupos para identificarem que dois Cs eles enxergam como forças do grupo e em que dois outros Cs eles ainda precisam melhorar.

Dê-lhes tempo para encontrarem soluções para os problemas relativos à superação dos Cs que necessitam de melhora.

Após cerca de 7 a 10 minutos para a resolução do problema, faça o *debrief* da atividade.

Notas

Alguns dos Cs que sua equipe pode citar:
- Comunicação.
- Cuidado.
- Consistência.

- Compromisso com a equipe.
- Comuns, os objetivos.
- Consenso.
- Consideração.
- Confiança.
- Cortesia.

Questões para Discussão

1. Você achou que a ajuda dos membros de sua equipe aumentou o número de palavras que você identificou?
2. Focando em apenas uma letra, você acha que consegue a maior parte dos componentes críticos? Que componentes estão faltando?
3. Quais são as forças de sua equipe? Desafios? O que podemos fazer para superar esses desafios?
4. Qual o C que sua equipe decidiu ser o mais importante? Foi difícil obter consenso? Por que ou por que não?

FOLHETO

Como a Equipe C Vê

O que é necessário para ser uma equipe eficiente? Considerando as características necessárias, quantas você pode mencionar que começam com a letra C?

C _____   C _____
C _____   C _____
C _____   C _____
C _____   C _____
C _____   C _____
C _____   C _____

Quais as forças da equipe?

C _____

C _____

Quais os desafios a serem superados pela equipe?

C _____

C _____

Como pode a equipe superar esses desafios?

C _____

C _____

Kaizen

OBJETIVOS
- Mostrar que sempre existe uma maneira melhor.
- Usar a criatividade para encontrar maneiras de melhorar as atuais práticas de negócios.

Tamanho do Grupo:
Qualquer tamanho..

Materiais:
As cartas *Kaizen* (fornecidas) para cada grupo.

Tempo:
10 a 15 minutos.

Instruções

Kaizen é uma palavra japonesa que significa "melhoria contínua de processos atuais". *Kaizen* deriva das palavras *kai*, "mudança", e *zen*, significando "boa".

Forme equipes de quatro a seis participantes. Dê uma carta *Kaizen* para cada equipe. A tarefa das equipes é criar tantas ideias práticas e maneiras de melhorar aquela área específica quantas puderem.

Após 7 a 10 minutos, peça a cada equipe para apresentar suas ideias *Kaizen* ao grupo e explicar como as ideias poderiam ser usadas em suas (ou quaisquer) organizações.

Questões para Discussão

1. Você já dedicou algum tempo para fazer isso antes? Por que ou por que não?
2. Quais são alguns benefícios desse tipo de atividade? Quais são alguns desafios?
3. Como você poderia sugerir algumas ideias para a empresa?

RECORTES

Kaizen

Copie e recorte os seguintes cartões e distribua para sua equipe.

Comunicação	Marketing
Relações com Clientes	Produtividade
Trabalho em Equipe	Imagem da Empresa
Motivação	Práticas de e-mail
Equilíbrio Trabalho-Vida	Habilidades de Organização
Redução de Custos	Redução de Erros
Segurança	Diversidade

Astros do Rock

OBJETIVOS
- Ampliar as zonas de conforto assumindo riscos.
- Conhecer melhor um ao outro.
- Despertar a criatividade de nossa equipe.

Tamanho do Grupo:
Até 30.

Materiais:
Papel e canetas para grupos que queiram fazer um *script* de seu desempenho.

Tempo:
20 a 30 minutos.

Instruções

Divida a equipe grande em grupos menores de quatro a seis participantes. Para a energia e o nível de entusiasmo corretos, você desejará um grupo grande o suficiente para ter ao menos três performances.

Peça aos participantes para pensarem no primeiro concerto que presenciaram. Peça a cada pessoa para pensar em uma canção daquele concerto e em uma frase daquela canção. Cada grupo irá então reunir as frases e criar um *medley*, juntamente com alguma coreografia impressionante (uma rotina ou dança) que apresentará a toda a equipe.

Certifique-se de que exista espaço disponível suficiente para que os grupos possam se espalhar e praticar. Após 10 a 15 minutos, reúna a todos para as performances. Cada grupo tem 2 minutos para desempenhar seu número.

Dicas

Seu entusiasmo fará com que as pessoas se animem em assumir esse risco. Diga ao grupo: "Se puderem fazer isso, vocês podem fazer qualquer coisa!"

Variações

Peça à audiência para adivinhar que linha veio de qual membro da equipe para ver quão bem eles se conhecem.

Questões para Discussão

1. De que maneira essa atividade ampliou suas zonas de conforto?
2. Quais são alguns benefícios desse tipo de atividade? Quais são alguns desafios?
3. Quais são algumas outras maneiras em que podemos usar a experiência de cada um para gerar criatividade em nossa equipe?

Três Amigos

OBJETIVOS
- Encorajar a equipe a despertar sua criatividade.
- Reunir e responder rapidamente aos desafios.

Tamanho do Grupo:
Até 20 em cada círculo – com grupos maiores, diversos círculos podem jogar simultaneamente.

Materiais:
Nenhum.

Tempo:
10 a 15 minutos.

Instruções

Faça o grupo formar um círculo com uma pessoa no centro (o facilitador pode começar o jogo no centro para iniciar a atividade). A meta do jogo é evitar ser "Ele" (a pessoa no meio do círculo).

Eis como se joga: você usará a lista de formações possíveis, como segue. A pessoa que é "Ele" aponta para uma pessoa no círculo e diz, por exemplo, "Elefante, um, dois, três!" Enquanto a pessoa que é "Ele" está contando, a pessoa que foi apontada e as pessoas em ambos os lados dela devem coordenar suas ações para criar uma formação de elefante.

Se alguma das três pessoas não responder corretamente no período de três segundos, ele ou ela vai para o centro (a pessoa que é "Ele" é juiz e júri e pode tirar qualquer dos três por qualquer razão).

- Elefante: A pessoa apontada é a tromba, as pessoas dos lados são duas orelhas grandes, moles.
- Vaca: A pessoa apontada faz uma figa e deixa as mãos com os polegares apontando para baixo, formando as tetas; as pessoas ao lado pegam cada polegar para ordenhar a vaca.

- Palmeira: A pessoa apontada é a palmeira – braços esticados para cima, palmas para cima – as pessoas ao lado dançam o hula.
- *Stock-Car*: A pessoa apontada dirige o carro; as pessoas ao lado pulam no banco de trás e acenam para os fãs.
- Gelatina: A pessoa apontada balança como gelatina; as pessoas ao lado desenham com os braços a forma de uma tigela.

Variações

Uma boa maneira de fazer o grupo se envolver e fluir a criatividade é deixar que a equipe crie suas próprias formações. Dê-lhes um exemplo para que possam compreender os parâmetros – especialmente, um papel específico para a Pessoa Apontada e papéis específicos, diferentes, para as pessoas ao seu lado direito e esquerdo. Você pode até sugerir que eles criem um efeito sonoro juntamente com suas formações.

Então, faça os grupos de três criarem uma ou duas configurações de três pessoas para ensinarem ao resto da equipe. Use as ideias para a atividade (um total de seis ou sete formações é usualmente a quantidade ideal para esse desafio).

Dicas

Imagine como você quer que cada formação pareça e certifique-se de que as expectativas estejam claras para o grupo – assim você pode tirar alguém se ele ou ela fizer bagunça.

Use isso após o almoço para reagrupar a equipe e fazê-la voltar ao modo de treino – alguma boa energia deve resultar.

Questões para Discussão

1. O que foi desafiador a respeito dessa atividade? Foi divertido?
2. Como somos criativos no local de trabalho? Como podemos mais facilmente despertar a criatividade de nossa equipe?
3. Quais são algumas maneiras de reunir as pessoas dessa forma no local de trabalho?
4. Quais são algumas coisas que devemos ter em mente para trabalharmos juntos eficientemente e efetivamente?

Espaço Amplo

OBJETIVOS
- Centralizar o aprendizado nas necessidades da equipe.
- Permitir à equipe o controle sobre a direção da sessão.

Tamanho do Grupo:
Até 50.

Materiais:
Papel de *flipchart*, fita adesiva; canetas marcadoras.

Tempo:
20 a 30 minutos.

Instruções

A premissa básica dessa atividade é que todos nós juntos somos mais espertos do que qualquer um de nós sozinho. Este processo tem sido usado com sucesso para capturar a experiência e a *expertise* de um grupo. É uma excelente maneira de mostrar que aprender não é um esporte ao qual devemos assistir.

Eis como funciona: qualquer um que queira levantar um debate ou "tempo no ar" sobre qualquer assunto relacionado ao assunto da reunião é encorajado a fazê-lo. Um indivíduo (que se torna o facilitador do assunto) pega uma folha de papel de *flipchart* e escreve o assunto em letras grandes. Por exemplo, se a reunião diz respeito a administração do tempo, os assuntos poderiam incluir "Como se Organizar", "Supere os Adiamentos" e "Controlando Interrupções".

O assunto é anunciado ao grupo e o indivíduo faz uma rápida apresentação geral de um minuto, dizendo o que pode ser tratado durante o tempo de debate. O assunto é então colado à parede com o facilitador ficando de pé ao seu lado.

Após todos terem tido a oportunidade de identificar um assunto (se assim o escolherem), o grupo é solicitado a se movimentar pela sala para visitar o(s) assunto(s) em que mais se interessam ou sobre o(s) qual(quais) possam ter alguma pergunta.

Não há "regras", mas essas sugestões podem ser úteis:
- Quem quer que venha a um assunto é a pessoa certa.
- O que quer que aconteça é a coisa certa para acontecer.
- Fique em qualquer área (assunto) pelo tempo que desejar (você vota com seus pés).
- Após algum tempo, o facilitador faz uma breve recapitulação ou relatório do que transpirou em seu local (assunto).

Dicas

Para um grupo de 30 participantes, o uso quatro assuntos é o ideal. Em média, procure por cerca de sete a oito membros da equipe por assunto para discussão. Como facilitador, você pode querer ter algumas ideias de assuntos para iniciar o processo.

Questões para Discussão

O debate será baseado nos assuntos escolhidos.

Desafios Mentais

A mente de uma pessoa, uma vez ampliada por uma ideia nova, nunca retorna à sua dimensão original.

Oliver Wendell Holmes

Desafio Cerebral I

OBJETIVOS
- Desenvolver a nós mesmos, ampliando nossas mentes.
- Considerar outras perspectivas para a solução de problemas.
- Aprender um do outro.

Tamanho do Grupo:
Qualquer tamanho.

Materiais:
Cópia do folheto Tensão Cerebral I (fornecido) para cada participante.

Tempo:
10 a 15 minutos.

Instruções

Copie e distribua o folheto de Tensão Cerebral I para cada membro da equipe. Dê-lhes alguns minutos para trabalharem nas perguntas individualmente, e então permita que trabalhem em grupos de quatro a seis. Após cinco minutos, repasse as respostas e as perguntas para debate.

Questões para Discussão

1. O que aconteceu quando trabalharam em conjunto para responderem as perguntas?
2. Alguém teve a mesma perspectiva?
3. O que você conseguiu aprender de seus companheiros de equipe?
4. Como isso se aplica às tarefas difíceis no trabalho?

FOLHETO

Desafio Cerebral I

1. Na canção de ninar "Sing a Song of Sixpence", quantos *bluebirds* (azulões) foram assados na torta?

2. Qual é a última coisa que tanto o homem como a mulher tiram antes de ir para a cama?

3. Que palavra inglesa com 10 letras começando com T e terminando com R pode ser digitada usando apenas a fileira de cima das letras de um teclado?

4. Como você deve pronunciar em inglês o segundo dia da semana, *Tee-use-day*, *Choose-day*, ou *Twos-dee* (circule a pronúncia correta)?

5. Se hoje é domingo, qual é o dia que segue o dia que vem depois do dia que vem antes de anteontem?

6. Que palavra em inglês abaixo não pertence ao grupo e por quê?

   noon   peep   radar   racecar   worm   level

FOLHETO

7. Na sequência de letras abaixo, você pode fazer uma cruz em todas as letras desnecessárias para que uma frase lógica permaneça?

ULEMTRAFRAASSELDESÓGICA

NEPERCEMASSANECRIASE

8. Esta equação está obviamente errada. Como pode ela ser corrigida sem mudá-la?

XI + I = X

9. Se um bilhão vem depois de um milhão e um trilhão vem depois de um bilhão, que número vem em seguida a um trilhão?

10. Que letras do alfabeto podem ser vistas na figura abaixo?

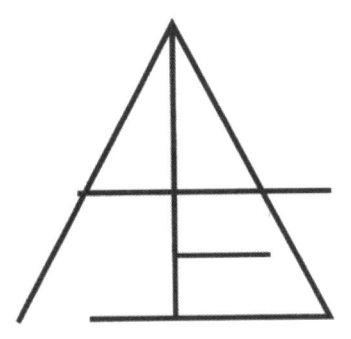

FOLHETO

Desafio Cerebral I – Respostas

1. Nenhum, eram *blackbirds* (melros).

2. Os pés do chão.

3. Typewriter.

4. Deveria ser pronunciado "Monday".

5. Sábado. Reorganize a frase e fica fácil; se hoje é domingo, qual dia precede o dia de anteontem? Quinta-feira. Então, qual é o dia que se segue ao dia que vem após a quinta-feira? O sábado.

6. *Worm*. É a única palavra que não é a mesma quando soletrada de trás para a frente.

7. Cruze todas as letras que soletram *LETRAS DESNECESSÁRIAS* e as letras remanescentes formarão *"UMA FRASE LÓGICA PERMANECE"*.

8. Vire de cabeça para baixo. Agora significa: 10 = 1 + 9.

9. Um trilhão e um.

10. T, L, V, I, E, F, A, H.

Desafio Cerebral II

OBJETIVOS
- Desafiar a nós mesmos ampliando nossas mentes.
- Considerar outras perspectivas ao solucionar um problema.
- Aprender do próximo.

Tamanho do Grupo:
Qualquer tamanho.

Materiais:
Cópia do folheto Tensão Cerebral II (fornecido) para cada participante.

Tempo:
10 a 15 minutos.

Instruções

Copie e distribua o folheto Tensão Cerebral II para cada membro da equipe. Dê-lhes alguns minutos para trabalharem individualmente nas perguntas e depois lhes permita trabalharem em grupos de quatro a seis. Após alguns minutos, repasse as perguntas e vá para as perguntas para debate.

Questões para Discussão

1. O que foi desafiador para você? O que, se existiu, tornou seu trabalho mais fácil?
2. Que diferença fez trabalhar com sua equipe?
3. Como podemos aplicar isso aos desafios que enfrentamos em nosso local de trabalho?
4. O que isso nos transmite sobre trabalho em equipe?

FOLHETO

Desafio Cerebral II

Trabalhe com sua equipe para descobrir o significado oculto em cada quadrado.

1. Ban ana	2. rider	3. gesg	4. $\dfrac{0}{\text{Dr.Ph.D.BA.}}$
5. Mce Mce Mce	6. sideside	7. Nafish Nafish	8. John + MMM
9. Known FACT	10. **DEAL**	11. B B U U R R N N	12. Me quit
13. BJAOCKX	14. <u>RUNNING</u> MT	15. FUNNY FUNNY WORDS WORDS WORDS WORDS	16. POIKKKKNT

FOLHETO

Desafio Cerebral II – Respostas

1. Banana split.

2. Low rider.

3. Scramble eggs.

4. 3 degrees below zero.

5. Three blind mice (three mice with no "*I*'s")

6. Side by side.

7. Tuna fish.

8. John Adams.

9. Little known fact.

10. Big deal.

11. Side burns.

12. Quit following me.

13. Jack-in-the-box.

14. Running on empty.

15. Too funny for words.

16. Case in point.

Desafio Cerebral Clássico

OBJETIVOS
- Considerar perspectivas diferentes ao resolver um problema.
- Experimentar os benefícios de resolver problemas em equipe.
- Crescer a partir do conhecimento e da informação do grupo.

Tamanho do Grupo:
Qualquer tamanho.

Materiais:
Cópia do folheto Tensão Cerebral Clássica (fornecido) para cada participante.

Tempo:
10 a 15 minutos.

Instruções

Copie e distribua o folheto Tensão Cerebral Clássica para cada participante. Dê aos indivíduos alguns minutos para considerarem cada pergunta e descobrirem as respostas. Então, os faça trabalhar em grupos de três a cinco participantes para discutirem suas respostas e, como equipes, descobrirem outras mais precisas.

Após cinco minutos, repasse as respostas e as perguntas para debate.

Questões para Discussão

1. O que foi mais eficiente na resolução de problemas: trabalhar individualmente ou como equipe?
2. O que foi diferente?
3. O que você conseguiu aprender de seus companheiros de equipe?
4. Como podemos aplicar esta experiência ao nosso local de trabalho?

FOLHETO

Desafio Cerebral Clássico

1. Ligue todos os nove pontos com quatro linhas retas sem levantar a caneta ou o lápis do papel.

2. Quantas peças ou segmentos você consegue deste círculo, usando quatro linhas retas?

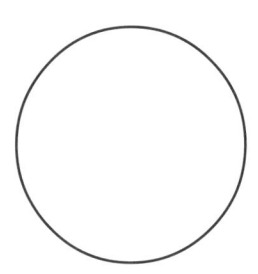

3. Quantos quadrados você vê?

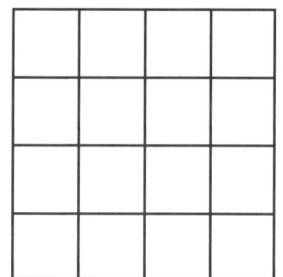

FOLHETO

4. Abaixo está o numeral romano 7; adicionando apenas uma linha, mude-o para um 8.

V I I

5. Abaixo está o numeral romano 9. Adicionando apenas uma linha, modifique-o para um 6 (em inglês).

I X

6. Qual é a metade de 12? Quantas respostas diferentes você pode encontrar?

FOLHETO

Desafio Cerebral Clássico – Respostas

1. Ligue todos os nove pontos com quatro linhas retas sem levantar a caneta ou o lápis do papel.

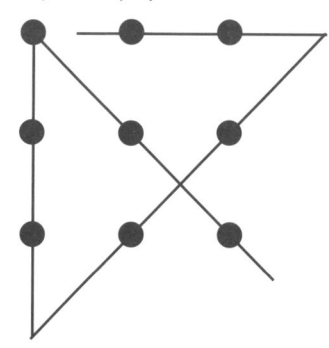

2. Quantas peças ou segmentos você consegue deste círculo, usando quatro linhas retas? 11 peças.

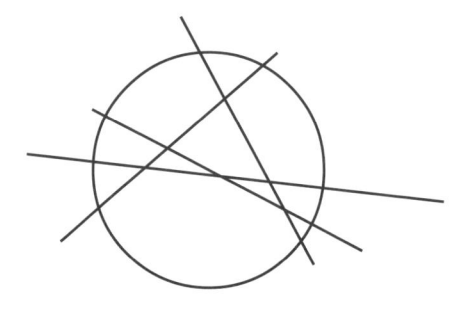

3. Quantos quadrados você vê? 30 quadrados: 16 pequenos, 9 médios, 4 maiores e 1 grande.

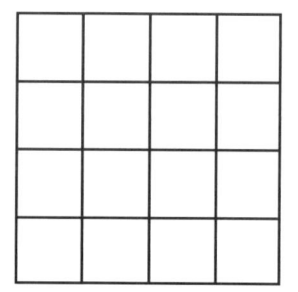

FOLHETO

4. Abaixo está o numeral romano 7; adicionando apenas uma linha, mude-o para um 8.

VIII

5. Abaixo está o numeral romano 9. Adicionando apenas uma linha, modifique-o para um 6 (em inglês).

SIX

(A pergunta anterior tornou esta mais difícil? Por quê?)

6. Qual é a metade de 12? Quantas respostas diferentes você pode encontrar?

1, 2, 6, do, ze

Centavos Comuns

OBJETIVOS

- Experimentar a diferença entre competição e colaboração.
- Perceber os benefícios de trabalhar com – e não contra – seus companheiros de equipe.

Tamanho do Grupo:
Qualquer tamanho; divida grupos maiores em menores de seis pessoas.

Materiais:
20 moedas para cada dois participantes.

Tempo:
20 minutos.

Instruções

Este é um grande jogo para grupos de seis ou menos. Cada grupo precisa de 20 moedas. Divida o grupo em dois times de três para praticar o jogo.

O jogo é praticado em duas fases.

Fase Um: Dê às equipes as seguintes regras, e convide-as a jogarem três rodadas, resultando em um vencedor da melhor de três.

Regras do Jogo Centavos Comuns

Espalhe 20 moedas. As equipes se revezam apanhando as moedas. Cada equipe pode pegar uma, duas ou três moedas em sua vez. A equipe que pegar a última moeda ganha a rodada.

Fase Dois: Agora acrescente a informação: "Existe uma estratégia que assegura uma 'vitória' todas as vezes. Vejam se vocês conseguem descobri-la. Joguem três rodadas para testar sua teoria".

Peça exemplos de estratégias "vitoriosas".

Dicas

Você pode usar quaisquer 20 objetos pequenos – doces, clips de papel, moedas diversas, e por aí vai.

Solução

Sempre deixe o outro time começar. Quando for a sua vez, pegue quantas moedas precisar, de modo que a soma da rodada seja quatro. (Por exemplo, se a outra pessoa pegou uma, você pega três moedas.) Siga essa estratégia para vencer sempre. (Eles podem encontrar outras soluções, o que será acrescentado ao debate.)

Questões para Discussão

1. Qual foi a diferença entre as duas fases do jogo?
2. Ao buscar a solução para vencer sempre, você colaborou com a outra metade de sua equipe? Por que ou por que não?
3. Como podemos aplicar esta experiência quando trabalhamos com outras pessoas?
4. De que maneiras competições internas afetam nossas equipes de trabalho?

Solução dos Problemas

No meio da dificuldade existe a oportunidade.

Albert Einstein

Carona Solidária

OBJETIVOS
- Melhorar a comunicação dentro da equipe.
- Ouvir eficientemente o próximo.

Tamanho do Grupo:
Até 12.

Materiais:
Instruções para o Carona Solidária, cartas de dicas do Carona Solidária, cartas de solução do Carona Solidária (todas fornecidas).

Tempo:
20 a 25 minutos.

Instruções

Copie e recorte um grupo de cartas de dicas e de soluções para cada equipe. Divida as cartas de dicas de forma a que cada pessoa receba aproximadamente o mesmo número de dicas, e peça-lhes para manterem essas cartas com a face para baixo até que recebam as instruções. Dê a instrução para ser lida em voz alta por alguém da equipe.

Após a instrução ter sido lida, a equipe examina suas dicas e começa. O facilitador pode distribuir as cartas de solução ou pedir aos jogadores para descobrirem o quebra-cabeça sem as cartas de solução, o que torna o jogo mais desafiador.

Variações

Este capítulo contém três jogos de solução de problemas semelhantes (Carona Solidária, Como um Relógio e Aos Cães). As questões para discussão para esses três jogos podem ser mudadas para atender aos seus propósitos.

Dicas

Divida grupos grandes em times menores de 7 a 10, dando a cada um deles um jogo diferente de solução de problemas (isto é, Carona Solidária, Como um Relógio e Aos Cães).

Questões para Discussão

1. Quem deu sugestões para completar a atividade?
2. Todas essas sugestões foram ouvidas? Por que ou por que não?
3. Como você se sentiu sendo ouvido dando uma sugestão?
4. O que interferiu com sua habilidade de ouvir os outros?
5. Por que foi importante ouvir a informação de todos?
6. Como você organizou sua informação?
7. Foi necessário um líder?

FOLHETO

Introdução para Carona Solidária

Robert, Erin, Zach, Kristen e Ryan são amigos que vivem na mesma vizinhança e fazem revezamento de carros para irem juntos ao trabalho. Eles são entusiastas do ar livre, com cinco diferentes atividades para passar o tempo, cinco diferentes tipos de veículos e cinco profissões diferentes. Seu trabalho é descobrir a atividade, o tipo de automóvel e a profissão de cada uma dessas pessoas.

Você pode compartilhar a informação que tem com os outros membros de seu grupo, mas não pode mostrar suas cartas a ninguém em nenhum momento.

Boa sorte!

RECORTES

Cartas de Dicas do Carona Solidária

Copie e recorte as seguintes cartas para entregar à sua equipe:

O ciclista de montanhas dirige uma minivan prateada.	Kristen é um escalador de montanhas.
O músico não dirige um caminhão preto.	O andarilho não é músico.
O engenheiro não dirige uma minivan prateada.	O corredor dirige uma SUV vermelha.
Kristen não é um engenheiro.	O músico não é um escalador de montanhas.
Robert não é um arquiteto.	O arquiteto não dirige um jipe azul.
Ryan é sócio na sua empresa.	O professor dirige um caminhão preto.
O ciclista de montanhas não é um professor.	Zach não é um corredor.
O golfista dirige um caminhão preto.	O nome do golfista não é Robert.
Ryan não gosta de longas caminhadas.	Kristen não é um músico.
Erin dirige um jipe azul.	O ciclista de montanhas não é advogado.
O escalador de montanhas não dirige um jipe azul.	Robert não dirige uma SUV vermelha.
O advogado não dirige um híbrido verde.	

RECORTES

Cartas de Solução do Carona Solidária

Copie e recorte as seguintes cartas para entregar à sua equipe:

Cartas de Solução: Nomes

Robert	Erin
Zach	Kristen
Ryan	

Cartas de Solução: Veículos

Caminhão preto	Jipe azul
Híbrido verde	SUV vermelho
Minivan prata	

Cartas de Solução: Atividades de passatempo

Golfista	Andarilho
Ciclista de montanhas	Escalador de montanhas
Corredor	

Cartas de Solução: Profissões

Arquiteto	Engenheiro
Advogado	Músico
Professor	

FOLHETO

Solução do Carona Soidária

Robert: ciclista de montanhas, músico, minivan prateada

Erin: andarilho, engenheiro, jipe azul

Zach: golfista, professor, caminhão preto

Kristen: escalador de montanhas, arquiteto, híbrido verde

Ryan: corredor, advogado, SUV vermelha

Carta de Tubarão

OBJETIVOS
- Melhorar a comunicação dentro da equipe.
- Compartilhar informação para solução eficaz de problemas.
- Superar a frustração de trabalhar em uma tarefa difícil.

Tamanho do Grupo:
Até 10.

Materiais:
Instruções para Carta de Tubarão, folheto do diagrama de Carta de Tubarão, cartas de Dicas de Carta de Tubarão (todas fornecidas).

Tempo:
20 a 30 minutos.

Instruções

Faça cópias da Introdução e dos diagramas para cada equipe de cinco a dez participantes. Faça um jogo das cartas de dicas para cada equipe. Divida as cartas de dicas de modo a que cada pessoa receba aproximadamente o mesmo número de dicas, e peça que mantenham suas dicas de face para baixo até que recebam as instruções.

Peça a alguém da equipe para ler a Introdução. A equipe então vira de face para cima suas cartas de dicas e inicia o jogo. As pessoas podem usar o folheto do diagrama de Carta de Tubarão para organizar sua informação.

Dicas

Divida um grupo maior em equipes menores de 5 a 10 e deixe cada equipe descobrir. Embora esta atividade possa parecer semelhante à de Carona Solidária, Como um Relógio e Aos Cães, ela é bem mais complexa e pode ser frustrante.

Questões para Discussão

1. Quão bem você ouviu?
2. Você evitou ouvir bem? Como?
3. Você ouviu da mesma maneira para esta atividade como você ouviria normalmente? Se não foi o caso, o que ocorreu de diferente?
4. Quão eficientemente a equipe cuidou das frustrações?
5. O que você poderia ter feito para tratar desse desafio com maior eficiência?
6. Que ideias podemos tirar dessa experiência para nos ajudar a resolver problemas difíceis como equipe?

F O L H E T O

Introdução para Carta de Tubarão

No diagrama do folheto você vê que há 13 cartas mostradas com a face para baixo. O ás é considerado alto. Baseado em suas dicas, quais são os números, naipes e posições das 13 cartas?

Você pode compartilhar a informação que tem com outros membros de sua equipe, mas não pode mostrar suas cartas a ninguém em nenhum momento.

Boa sorte!

FOLHETO

Carta de Tubarão

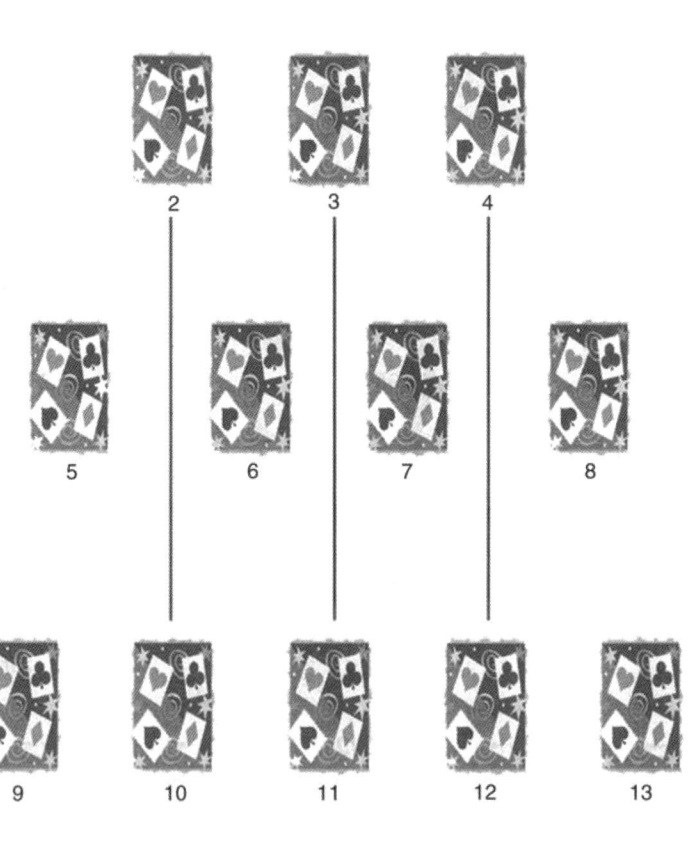

156 O Grande Livro de Jogos de Motivação de Equipes

FOLHETO

Cartas de Dicas para Carta de Tubarão

Copie e recorte as seguintes cartas para entregar à sua equipe:

Pelo menos três cartas de cada naipe estão representadas.	A carta 5 está uma fila abaixo da carta 9.
Existe exatamente uma carta de cada denominação no desenho.	A carta 5 está uma fila acima da carta 2.
Cada naipe é representado por apenas uma das cartas mais altas (Valete a Ás).	A carta 8 é da mesma cor que a carta 4.
A Dama está em uma fila diretamente acima do 4 de paus.	As cartas 8 e 4 não são do mesmo naipe.
A carta de ouros mais alta está na fila diretamente acima da carta de espadas mais alta.	A carta 6 é da mesma cor que a carta 11.
A primeira carta e a última carta são do mesmo naipe.	As cartas 6 e 11 não são do mesmo naipe.
O valete de paus está diagonalmente imediatamente abaixo e à direita de uma carta de copas.	A carta 10 é uma carta de figura.
A carta 12 é 2 do mesmo naipe da carta 7.	A carta 1 (carta do topo) é um 3 de paus.
Uma das cartas de copas está imediatamente à esquerda de uma de espadas.	A 6 na fila 3 tem uma carta de ouros em cada um de seus lados.
A carta 7 está mais à direita do que a 8 na mesma fila.	

FOLHETO

Solução para Carta de Tubarão

1. 3 de paus

2. 8 de espadas

3. Dama de copas

4. 7 de ouro

5. 9 de ouro

6. 6 de espadas

7. Ás de ouro

8. 5 de copas

9. 10 de copas

10. Rei de espadas

11. 4 de paus

12. 2 de ouro

13. Valete de paus

Pegue e Solte

OBJETIVOS
- Melhorar o processo e trabalhar efetivamente em conjunto.
- Demonstrar a importância do planejamento.

Tamanho do Grupo:
Qualquer tamanho.

Materiais:
Uma bola de borracha ou de tênis para cada membro da equipe.

Tempo:
10 minutos.

Instruções

Divida quaisquer grupos grandes em equipes menores de seis ou sete e faça com que formem um círculo. Cada pessoa recebe uma bola.

A regra é que logo que alguém pega uma bola jogada a ele por um membro da equipe, aquela pessoa precisa *imediatamente* jogá-la para outro membro da equipe (todas as bolas devem ser jogadas, não entregues). Ninguém deve estar segurando uma bola – todos estão jogando, pegando ou ambos – enquanto o jogo está sendo jogado. Se uma bola cair no chão, simplesmente pegue-a e retorne ao jogo.

Peça a um voluntário de cada equipe para contar quantas bolas caem durante a atividade. Eles têm um minuto no relógio após você falar: "Vai!".

Pergunte a cada equipe quantas bolas caíram. Você pode marcar o escore individualmente ou somar os totais para um escore do grupo.

Deixe-os saber agora que eles terão uma oportunidade de melhorar o seu escore. Para a segunda rodada as mesmas regras se aplicam, exceto que os membros da equipe terão algum tempo para planejamento. Dê-lhes de um a dois minutos. Quando estiver aparente que todas as equipes estão prontas, dê-lhes mais um minuto – então diga "Vai!".

Pergunte a cada equipe quantas bolas caíram durante esta rodada.

Questões para Discussão

1. Por que a grande diferença (usualmente existe uma diferença) entre as duas rodadas?
2. Que estratégias foram eficientes?
3. Nós sempre reservamos tempo para planejar? Por que ou por que não?
4. Por que é importante reservar tempo para planejar, mesmo quando as coisas parecem malucas ou se movendo rápido demais?

Como um Relógio

OBJETIVOS
- Melhorar a comunicação dentro da equipe.
- Ouvir efetivamente um ao outro.
- Desenvolver técnicas para solução de problemas na equipe.
- Obter consenso.

Tamanho do Grupo:
Até 12.

Materiais:
Instruções de Como um Relógio, cartas de dicas sobre Como um Relógio, cartas de soluções de Como um Relógio (todas fornecidas).

Tempo:
20 a 25 minutos.

Instruções

Copie e recorte um conjunto de cartas de dicas e de soluções para cada equipe. Divida as cartas de dicas de modo a que cada pessoa receba aproximadamente o mesmo número de dicas, e peça a todos que mantenham as cartas com a face para baixo até receberem as instruções.

Peça a alguém da equipe para ler as instruções. A equipe vira então as cartas de dicas para cima e começa. Você pode distribuir as cartas de soluções para tornar mais fácil manter a linha para a solução ou pedir que as equipes descubram sem as cartas de solução, o que torna o jogo mais difícil.

Variações

Este livro contém três jogos semelhantes de solução de problemas (*Pool* de Carro, Como um Relógio, Aos Cães). As perguntas para debate para esses três jogos podem ser trocadas para atender a seus propósitos.

Dicas

Divida grandes grupos em grupos menores de 7 a 10 e dê a cada um deles um jogo diferente de solução de problemas (*Pool* de Carro, Como um Relógio, Aos Cães).

Questões para Discussão

1. Quão bem você escutou?
2. Como você organizou sua informação?
3. Como o seu procedimento podia ser mais eficaz?
4. Foi necessário um líder?
5. Por que foi importante ouvir a informação de todos?
6. Que técnicas de solução de problemas podemos tirar dessa experiência?

FOLHETO

Instruções de Como um Relógio

A atendente tem trabalhado na mesma *coffee shop* há anos. Ela ama seu trabalho porque tem muitos fregueses regulares. De fato, cinco de seus fregueses são como relógio – eles sempre pedem a mesma coisa no mesmo horário todas as manhãs no seu caminho para o trabalho. Quando chega o momento dos cinco clientes previsíveis – Mike, Jackie, Todd, Catherine e Alexander – sua tarefa é determinar a que horas eles entram na loja, o que eles pedem para beber e o que eles compram juntamente com sua bebida matinal.

Você pode compartilhar a informação que tem com os demais membros de seu grupo, mas não pode mostrar a ninguém suas cartas em nenhum momento.

Boa sorte!

RECORTES

Cartas de Dicas de Como um Relógio

Copie e recorte as seguintes cartas para entregar ao seu time:

O cliente que compra chocolate quente entra na loja logo após Catherine.	Todd chega às 8h25min.
O bebedor de chocolate quente sempre compra o jornal da manhã.	Catherine não molha o pão na sua bebida.
Mike come cereal em casa antes de sair para o dia.	Todd nunca come no café da manhã.
Jackie vem mais cedo do que a pessoa que compra o brioche.	O bebedor de chá lê as notícias da manhã online.
Alexander pede seu chá verde.	O bebedor de café não gosta de brioche.
O bebedor de café moca chega pontualmente às 8h15min todas as manhãs.	O bebedor de leite come um donut.

RECORTES

A pessoa que come croissant não bebe café moca.	O bebedor de chocolate quente não é o último cliente.
O donut é comprado às 8h20min.	Mike pede sua bebida sem creme.
O bebedor de café nunca come donuts.	Mike e Todd trabalham juntos.
Catherine não é a primeira cliente.	Catherine pede sua bebida com leite desnatado.
Alexander come no seu café da manhã todos os dias.	O bebedor de leite não come croissant.
A pessoa com hálito fresco a menta não se chama Todd.	Jackie não lê o jornal.

RECORTES

Cartas de Solução de Como um Relógio

Copie e recorte as seguintes cartas para dar ao seu time:

Cartas de solução: Nomes

Jackie	Mike
Catherine	Todd
Alexander	

Cartas de solução: Horários

8h10min	8h25min
8h15min	8h30min
8h20min	

Cartas de solução: Bebidas

Café moca	Leite
Chocolate quente	Chá
Café	

Cartas de solução: Compras

Jornal	Croissant
Menta	Donut
Brioche	

FOLHETO

Solução de Como um Relógio

8h10min: Jackie, café, croissant.

8h15min: Mike, café moca, menta.

8h20min: Todd, chocolate quente, jornal.

8h30min: Alexander, chá, brioche.

Análise SCOT (SWOT)

OBJETIVOS
- Ilustrar os prós e contras de trabalho em equipe.
- Identificar os elementos que podem ajudar ou prejudicar a eficiência da equipe.

Tamanho do Grupo:
Qualquer tamanho.

Materiais:
Cópias do formulário de Análise SCOT (fornecido) para cada pessoa.

Tempo:
15 a 20 minutos.

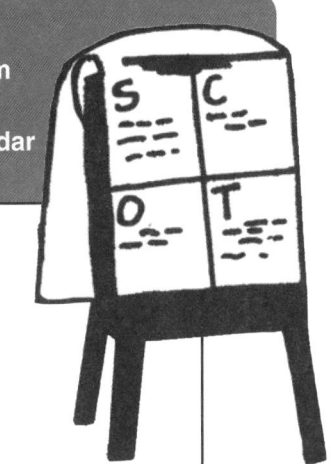

Instruções

Copie e distribua o formulário de Análise SCOT (Forças, Desafios, Oportunidades e Ameaças). Muitos participantes podem estar familiarizados com o conceito SWOT (Forças, Fraquezas, Oportunidades e Ameaças). Este exercício foca em "Desafios" em vez de "Fraquezas".

Peça aos membros da equipe para preencherem primeiro este formulário individualmente, pois ele se aplica à sua situação em particular. Após cinco a sete minutos para isso, peça a eles para formarem pequenos grupos de quatro a seis para discutirem os pontos identificados.

Peça a voluntários para explicarem por que preencheram os formulários como o fizeram.

Questões para Discussão

1. Quando você viu o formulário, foi razoavelmente fácil "preencher os vazios"?
2. Sua organização tem uma atitude saudável com relação ao trabalho em equipe?
3. Quais são algumas das questões interpessoais que este formulário levanta?
4. Como seus desafios podem ser resolvidos?

FOLHETO

Análise SCOT

Forças	Desafios

Oportunidades	Ameaças

Navio, Capitão e Tripulação

OBJETIVOS
- Enfatizar que todo membro da equipe – independente de seu cargo ou posição – desempenha uma parte integral na eficiência geral.
- Considerar outras perspectivas e manter a mente aberta.

Tamanho do Grupo:
Qualquer tamanho.

Materiais:
Formulário Navio, Capitão e Tripulação (fornecido) para cada pessoa.

Tempo:
10 a 15 minutos.

Instruções

Peça à equipe para mencionar todas as diferentes posições, cargos ou funções das pessoas que você encontraria em um navio de cruzeiro. Escreva-as em um *flipchart* à medida que as respostas surgirem. Então, pergunte: "Qual é a mais importante?".

Distribua cópias do formulário Navio, Capitão e Tripulação. Peça aos membros da equipe para identificarem quem naquele navio é a pessoa mais importante ou desempenha a função mais crítica, e, então, peça-lhes que escrevam suas respostas juntamente com a razão de suas escolhas.

Dicas

Antes de começarem a relatar, reconheça que, à primeira vista, pode parecer óbvio que o capitão do navio é a pessoa mais importante. Mas peça-lhes para considerar que outras funções podem ser tanto – ou mais – importantes.

Questões para Discussão

1. Quais foram suas respostas iniciais? (Por exemplo, capitão, engenheiro, arrumadeira, diretor social, *chef* etc.)
2. Em sua conversa com os membros de sua equipe, você achou fácil convencê-los de sua escolha? Por que ou por que não?
3. Algum de vocês mudou de ideia? O que o convenceu a fazê-lo?
4. É sempre importante obter consenso em uma equipe? Por que ou por que não?
5. Quais são algumas situações semelhantes onde é benéfico para a equipe conseguir consenso?
6. Em sua situação própria de trabalho, como você pode ajudar outras pessoas a compreenderem que mesmo o trabalho aparentemente mais simples na empresa ainda significa contribuições importantes?

FOLHETO

Navio, Capitão e Tripulação

Em um navio de cruzeiro, quem – ou qual função – é mais importante?

Minha resposta: _____

Por quê?
_____
_____
_____
_____

Consenso da equipe:
_____
_____
_____
_____

Por quê?
_____
_____
_____
_____

Cada equipe relatará sobre seu debate e defenderá sua decisão.

Aos Cães

OBJETIVOS
- Descobrir um processo efetivo para usar para solucionar problemas da equipe.
- Superar barreiras a uma comunicação eficiente.

Tamanho do Grupo:
Até 12.

Materiais:
Instruções Aos Cães, Cartas de Dicas Aos Cães, Cartas de Solução Aos Cães (fornecidas).

Tempo:
20 a 25 minutos.

Instruções

Copie e recorte um conjunto de cartas de dicas e de soluções para cada equipe. Divida as cartas de dicas de modo a que cada pessoa receba aproximadamente a mesma quantidade de dicas e peça que mantenham as cartas de face para baixo até receberem as instruções.

Peça a alguém da equipe para ler a Introdução. A equipe então vira suas cartas para cima e começa a trabalhar. Você pode entregar as cartas de solução para tornar mais fácil o acompanhamento da solução ou pedir que todos a descubram sem as cartas, o que é mais desafiador.

Variações

Este livro contém três jogos de solução de problemas semelhantes (Carona Solidária, Como um Relógio e Aos Cães). As questões para discussão para esses três jogos podem ser intercambiadas para atender seus propósitos.

Dicas

Separe grupos grandes em equipes menores de 7 a 10 e dê a cada uma um jogo diferente de solução de problemas (Carona Solidária, Como um Relógio e Aos Cães).

Questões para Discussão

1. Que processo você usou para encontrar a solução?
2. O que você poderia fazer de modo diferente?
3. O que é desafiador a respeito da solução de problemas de equipes?
4. O que é benéfico sobre trabalhar em conjunto para resolver problemas?
5. Como podemos usar essa experiência para solucionar problemas mais eficientemente no nosso local de trabalho?

FOLHETO

Introdução para Aos Cães

As mulheres que trabalham na empresa ABC são ávidas amantes de cães. De fato, elas têm uma data marcada para brincadeiras todas as semanas. As cinco mulheres e seus cachorros, Oscar, Chester, Gonzo, Zeus e Brooks se encontram todos os sábados pela manhã no parquinho dos cães. Os cachorros se dão tão bem, que, ainda que cada um leve seu brinquedo favorito ao parque, eles não têm problema algum em compartilhá-los. Os brinquedos estão espalhados por toda parte enquanto eles correm e brincam juntos. Quando chega a hora de ir embora, isso pode se tornar confuso – quem vai para casa com qual dona e qual brinquedo?

Sua tarefa é descobrir cada dona de cão, as raças e o brinquedo favorito. Você pode compartilhar sua informação verbalmente com sua equipe, mas não pode mostrar suas cartas a ninguém em nenhum momento.

Boa sorte!

RECORTES

Cartas de Dicas para Aos Cães

Copie e recorte as seguintes cartas para entregar à sua equipe.

Karen joga a bola de tênis para seu cão.	**Karen não tem um labrador.**
O poodle não persegue bolas de golfe.	**Michelle joga uma bola de golfe para seu cão.**
O collie não persegue bolas de tênis.	**Brooks não pertence a Alice.**
Chester não é um collie.	**Oscar pega seu *frisbee* no meio do ar.**
Gonzo não é um golden retriever.	**Karen não tem um vira-lata.**
O golden retriever não gosta de *frisbees*.	**Zeus não é o nome do cão de Janet.**
Alice não tem um poodle.	**O labrador gosta de correr atrás de bolas de golfe.**

RECORTES

Chester pertence a Sandy.	O cão de Michelle não é Gonzo.
O vira-lata gosta de seu brinquedo guinchante.	Sandy não sabe como jogar um *frisbee*.
O poodle não pertence a Sandy.	Chester não é um poodle.
Brooks é um vira-lata adorável.	O brinquedo guinchante não vai para casa com Gonzo.
O vira-lata não brinca com meias velhas.	

RECORTES

Cartas para Solução de Aos Cães

Copie e recorte as seguintes cartas para entregar à sua equipe. Cada palavra é uma carta de solução separada.

Cartas de Solução: Nomes

Oscar	Chester
Gonzo	Zeus
Brooks	

Cartas de Solução: Proprietários

Alice	Janet
Karen	Sandy
Michelle	

Cartas de Solução: Brinquedos Favoritos

Bola de tênis	Brinquedo guinchante
Meia velha	Frisbee
Bola de golfe	

Cartas de Solução: Raças

Poodle	Labrador
Vira-lata	Collie
Golden Retriever	

FOLHETO

Solução de Aos Cães

Karen: Gonzo, poodle, bola de tênis.

Alice: Oscar, collie, frisbee.

Michelle: Zeus, labrador, bola de golfe.

Sandy: Chester, golden retriever, meia velha.

Janet: Brooks, vira-lata, brinquedo guinchante.

9

Reconhecimento

Você já tem todas as características necessárias ao sucesso se você reconhecê-las, reclamá-las para você, desenvolvê-las e usá-las.

Zig Ziglar

Palavras de Trás para a Frente

OBJETIVOS
- Dar um *feedback* positivo para os demais membros da equipe.
- Identificar as forças dos membros individuais da equipe.
- Tornar-se consciente de áreas de melhoria.

Tamanho do Grupo:
Até 20.

Materiais:
Para cada participante: uma pilha de papel gomado (em formatos e cores diferentes funciona melhor – eles têm duas filas de adesivos), um pedaço de papel em branco, uma caneta marcadora.

Tempo:
20 a 30 minutos.

Instruções

Peça aos participantes para fazerem um *brainstorm* sobre as qualidades e características de membros de equipe eficientes. À medida que forem surgindo as ideias, o facilitador (ou alguém da equipe) escreve as palavras em um *flipchart* ou quadro branco.

Devem existir tantas qualidades e características quantos forem membros da equipe. A lista pode incluir qualidades como *bom ouvinte, produtivo, boas habilidades de comunicação, organizado, boas habilidades de administração de tempo, confiante, habilidade com pessoas, confiável, compreensivo, adaptável, responsável, entusiasta, boa habilidade para resolver problemas* etc.

Dê a cada membro da equipe um lote de papéis gomados, e peça a cada um deles que escreva as palavras do *flipchart* em cada folha (uma palavra por papel). Cada pessoa acaba com um lote de notas igual ao número de participantes na sala. Agora é o momento de dar um tapinha nas costas de cada um.

Encoraje o grupo a dar uma olhada em torno da sala e considerar quais qualidades eles viram exibidas durante o programa e como cada pessoa contribuiu.

A meta agora é distribuir as notas. Cada pessoa dá a cada um dos demais membros da equipe um papel gomado com uma das qualidades que acredita pertencer àquela pessoa específica. Isso é feito colocando o papel gomado adequado nas costas da pessoa. (Cada pessoa acabará com um papel extra – talvez essa seja a qualidade com a qual ela contribuiu?).

Quando todos os papéis tiverem sido distribuídos, os membros da equipe podem trabalhar com os parceiros para colocar todos os seus papéis em uma folha de papel, que eles poderão guardar como lembrança do evento.

Dicas

Os membros da equipe podem querer fazer uma anotação de qualidades e habilidades que não lhes foram dadas. Eles poderiam então trabalhar nessas habilidades e qualidades.

Questões para Discussão

1. Por que é tão importante dar ao próximo um *feedback* positivo?
2. Nós sempre reservamos tempo para isso? Como podemos fazer disso uma parte maior de nossas interações?

Bingo Obrigado

OBJETIVOS
- Considerar como os demais membros da equipe influenciaram nossa experiência através do treinamento.
- Reservar algum tempo para mostrar admiração pelos demais membros da equipe.

Tamanho do Grupo:
Qualquer tamanho.

Materiais:
Formulário do Bingo Obrigado (fornecido) para cada membro da equipe.

Tempo:
10 a 20 minutos.

Instruções

Distribua cópias do formulário do Bingo Obrigado para todos na equipe. Dê aos participantes alguns minutos para refletirem sobre o seu dia e como os demais membros da equipe contribuíram para suas experiências durante o treinamento.

Então, peça às pessoas para se misturarem e escolherem alguém diferente para assinar o seu nome em cada quadrado... obtendo tantos quadrados assinados quanto possível – dando-se mutuamente algum elogio bem merecido. Eis alguns exemplos do que as pessoas podem dizer:

Cynthia, você torna até as tarefas mais difíceis agradáveis com seu entusiasmo e sua atitude positiva, obrigado! Posso pegar seu autógrafo no quadrado que diz "Tem uma grande atitude", porque você certamente a tem!

Paul, você mostrou uma forte habilidade de liderança mantendo-nos focados e no caminho certo na atividade de depois do almoço. Fez uma grande diferença no nosso tempo. Obrigado! Seu nome deve estar no quadrado que diz "Tem boa habilidade de liderança". Você poderia assiná-lo para mim?

O desafio é conseguir tantos quadrados assinados quanto possíveis no tempo concedido – ou ao menos uma quantidade suficiente para um bingo.

Dicas

Dê-lhes tempo suficiente para fornecer qualidades específicas para a pessoa que assinar o quadrado. Se o tempo for pequeno, peça que assinem apenas uma fila de cinco para um bingo.

Questões para Discussão

1. Como foi reservar um tempo para mostrar reconhecimento?
2. Como você se sentiu ao receber reconhecimento de seus colegas de equipe?
3. Ao mostrar reconhecimento, o que o torna significativo?
4. Como isso impacta o nível geral de energia e a produtividade de uma equipe?

FOLHETO

Bingo Obrigado

Separe um minuto para refletir sobre sua experiência de hoje e como ela foi ampliada pelos diferentes membros de sua equipe. À medida que você pede a cada membro para assinar o quadrado que reflete seu reconhecimento dele ou dela, reserve tempo para demonstrar os fatos específicos ligados ao seu reconhecimento.

Fez você rir.	Você deve conhecer melhor.	Mostrou uma perspectiva diferente.	Surpreendeu você.	É um bom comunicador.
Ajudou você.	Manteve uma mente aberta.	É divertido.	Trabalha bem com os outros.	Merece um tapinha nas costas.
Fez algo surpreendente.	Encorajou os outros.	Livre.	Fez melhoramentos.	É ótimo ouvinte.
Tem energia positiva.	Assumiu riscos.	Inspira você.	Tem grande atitude.	Tem boas habilidades de liderança.
É criativo.	Desempenhou um papel diferente.	É um bom solucionador de problemas.	Desafiou você.	Ensinou-lhe algo novo.

A Tribo Falou

OBJETIVOS
- Fazer um *brainstorm* dos traços de um não participante de equipe em contraste com os traços de um participante típico de equipe.
- Tomar consciência de atitudes não produtivas.
- Considerar o que é necessário para ser um membro que contribui para a equipe.

Tamanho do Grupo:
Qualquer tamanho.

Materiais:
Cópias dos formulários do Perfil de um Não Jogador de Equipe e do Perfil de um Jogador Típico de Equipe para cada equipe.

Tempo:
10 a 15 minutos.

Instruções

Separe um grupo grande em equipes menores de quatro a seis pessoas. Distribua os formulários para cada equipe. Diga o seguinte:

De tempos em tempos somos membros "difíceis" de equipe, talvez estejamos estressados, cansados ou preocupados – e não estamos contribuindo de acordo com nosso padrão normal.

Imagine um membro de equipe com todas as características negativas. Como ele se pareceria? Que qualidades e características que uma pessoa apresentaria constantemente para ser votado "para fora" da equipe?

Peça aos participantes para considerarem essa pergunta, fazer um *brainstorm* com suas equipes e completar a folha de trabalho.

Dê às equipes de 5 a 10 minutos para fazer o *brainstorm* e completar seus formulários, após o que você poderá abrir o debate para um grupo maior.

Questões para Discussão

1. Que qualidades e características são contraprodutivas?
2. Já experimentamos ou apresentamos algumas dessas qualidades? Por quê? O que podemos fazer a respeito?
3. Como pode esta atividade nos ajudar a nos tornarmos membros de equipe mais efetivos?
4. Quais são algumas qualidades que um membro de equipe efetivo deveria apresentar?
5. Qual é nossa responsabilidade individual para com a equipe?

FOLHETO

Perfil de um Não Jogador de Equipe

Ao responder a estas perguntas, pense nas interações de um não jogador de equipe com outros membros da equipe:

1. O que o não jogador de equipe diria ou deixaria de dizer?

2. O que o não jogador faria ou deixaria de fazer?

3. O que o não jogador pensaria ou deixaria de pensar?

4. Quais são os traços, características e qualidades contraprodutivos?

FOLHETO

Perfil de um Participante Típico de Equipe

Ao responder estas perguntas, pense nas interações do jogador típico de equipe com os demais membros do time:

1. O que o jogador típico de equipe diria ou deixaria de dizer?

2. O que o jogador típico faria ou deixaria de fazer?

3. O que o jogador típico pensaria ou deixaria de pensar?

4. Quais são os traços, características e qualidades produtivos?

Dê-me Algum *Feedback*

OBJETIVOS
- Descobrir a importância do *feedback*.
- Repassar e receber *feedback* efetivo.

Tamanho do Grupo:
Qualquer tamanho.

Materiais:
Bolas, sacos de feijão ou itens similares que possam ser jogados; vendas para os olhos; cronômetro; fita adesiva ou crepe.

Tempo:
15 minutos.

Instruções

Separe um grupo maior em equipes menores de três a sete pessoas. Cada um desses grupos precisa de uma venda para os olhos e uma bola.

Use a fita para marcar uma linha de partida e um quadrado de gol para cada equipe menor. O quadrado do gol deve estar ao menos a cinco metros da linha de partida; os quadrados do gol devem medir um metro por um metro.

Cada equipe precisa de um lançador, um recebedor, um marcador do placar e um assistente. Quaisquer outros membros da equipe podem fornecer *feedback* durante as rodadas de número dois e três. Um ponto é marcado para cada bola que o lançador acerta no quadrado do gol (a bola pode sair, mas deve ter quicado no quadrado do gol primeiro). A meta é o lançador marcar tantos gols quanto possíveis em um minuto.

Cada rodada é de um minuto. O lançador tem os olhos vendados, então fica atrás da linha de partida e lança a bola. O recebedor pega a bola e joga para o assistente, que entrega ao lançador para tentar de novo. O marcador do placar controla os lançamentos bem-sucedidos em cada rodada.

Rodada nº 1: Nada de falar – os lançadores tentam marcar tantos pontos quantos possíveis sem qualquer informação ou orientação de sua equipe. Registre o placar da equipe adicionando os placares de todos os lançadores.

Rodada nº 2: A equipe pode orientar seus lançadores dizendo "Sim" ou "Não" – mas mais nada. Registre o placar da equipe.

Rodada nº 3: A equipe pode orientar seus lançadores fornecendo qualquer informação útil. Registre o placar da equipe.

Questões para Discussão

1. Lançadores: Isso foi um desafio, e como vocês o superaram?
2. Equipe: Como vocês se sentiram simplesmente olhando? No local de trabalho nós apenas olhamos ou estamos dispostos a ajudar e a aceitar ajuda dos outros? O que torna esse processo eficiente?
3. Que tipo de *feedback* é mais eficiente? Por quê?

Notas de Agradecimento

OBJETIVOS
- Reconhecer os outros na equipe.
- Criar uma lembrança valiosa do programa.

Tamanho do Grupo:
Até 30 funciona melhor.

Materiais:
Envelopes (um para cada membro da equipe), canetas marcadoras de diferentes cores, folhas de papel em branco.

Tempo:
10 a 20 minutos (distribuído durante o dia).

Instruções

Antes do programa, corte o papel em branco em quatro partes iguais. Tenha papel suficiente para que cada pessoa tenha pelo menos 10 pedaços para usar durante o dia. Coloque canetas marcadoras de cores variadas e pedaços de papel espalhados pela sala e dê a cada participante um envelope.

Peça a eles para escreverem seus nomes e decorarem os envelopes para personalizá-los. Quando estiverem prontos, coloque todos os envelopes em um local visível da sala.

Quando todos estiverem presentes, explique-lhes que ao longo do dia eles terão oportunidades para expressar sua apreciação aos outros membros da equipe. As notas podem ser curtas e simples, assim como sinceras e específicas. Os participantes podem continuar anônimos, ou podem assinar suas notas.

Antes dos intervalos, do almoço e antes do final do programa, dê à equipe alguns minutos para refletir sobre sua experiência e colocar uma nota de agradecimento no envelope de quem eles escolherem.

Ao final do dia, você pode desejar dar a eles algum tempo para lerem suas notas antes de levarem seus envelopes.

Dicas

Esta é uma ótima atividade para um programa de um dia ou de vários dias. Desta maneira, os membros da equipe possuem mais experiências em conjunto e mais oportunidades para anotarem seus pensamentos.

Questões para Discussão

1. Por que é tão importante dar e receber apreciação?
2. Como você se sente recebendo reconhecimento? Dando reconhecimento?
3. De que maneiras o grupo se beneficia de atividades deste tipo?

10

Jogos ao Ar Livre

Apenas jogue. Divirta-se. Desfrute do jogo.

Michael Jordan

Cruze a Linha

OBJETIVOS
- Experimentar vários resultados de negociações: vencer-vencer, vencer-perder, perder-perder.
- Aprender como chegar a esses resultados e o que é necessário para obter o vencer-vencer.
- Encorajar os participantes a buscarem a solução vencer-vencer em situações de negociação.

Tamanho do Grupo:
Qualquer tamanho.

Materiais:
Fita gomada, fita adesiva ou corda.

Tempo:
10 a 15 minutos.

Instruções

Fixe uma linha de 6 metros sobre o chão ou coloque uma corda de 6 metros no chão (para um grupo de 20 pessoas ou menos). Peça aos participantes para se colocarem em pares. Um parceiro fica de um lado da fita e o outro no lado oposto.

Diga o seguinte:

Quando eu falar "Vá", sua meta é levar seu parceiro para o seu lado da fita. Aos seus lugares, prontos... esperem! Mais uma coisa – vocês devem fazer isso sem nunca tocar no seu parceiro.

Dê-lhes o "Vá" e deixe-os começarem a negociar.

Baseado no que os parceiros resolverem, você pode debater como os diferentes resultados parecem e como chegaram a eles.

Questões para Discussão

1. Quais os vários resultados que vimos?
2. Aqueles de vocês que "venceram", isto é, fizeram com que seu parceiro viesse para o seu lado da linha, o que fizeram para que ele ou ela fosse para lá? Quais são algumas situações nas quais fazemos concessões?
3. Nós fazemos concessões ou aceitamos um vencer-perder sem nem considerar a possibilidade de um vencer-vencer?
4. Como se parece um vencer-vencer nesta atividade? Como chegamos lá?
5. De que maneiras a confiança se apresenta quando as pessoas estão buscando um vencer-vencer?

Resgate o Mascote

OBJETIVOS
- Unificar a equipe através do trabalho com um objetivo comum.
- Colaborar para proteger nossos recursos.
- Experimentar o processo que nos leva de um grupo de indivíduos e nos transforma em uma equipe.

Tamanho do Grupo:
15 a 20 funcionam melhor.

Materiais:
Um grande animal de pelúcia (que seja difícil de ser escondido nas costas de uma pessoa).

Tempo:
20 a 30 minutos.

Instruções

Crie uma linha de base de 3 metros e uma linha de gol de 6 metros, fixando uma corda no chão. A linha de base deve ficar a uma distância de 30 metros da linha de gol (veja o diagrama). O facilitador fica de pé fora da linha de base com o mascote (animal de pelúcia) colocado no chão atrás dele. A equipe fica no outro lado do campo, logo atrás da linha de gol. O objetivo é andar pelo campo, resgatar o mascote, e levá-lo para trás da linha de gol sem que o facilitador saiba quem está com o mascote.

Uma vez que todos estejam em suas posições, o facilitador fica de costas, conta até três, se vira de frente para a equipe, e diz: "Congelem". Se alguém for pego se movendo, a equipe começa de novo. O facilitador continua a virar de costas e a dizer "1, 2, 3, congelem" enquanto a equipe prossegue pelo campo para pegar o mascote.

Uma vez que a equipe chegue ao mascote, o desafio real começa. O facilitador agora tem que tentar pegar o mascote de volta, adivinhando quem está com ele. (Somente uma pessoa pode estar de posse do mascote de cada vez.)

O facilitador tenta adivinhar quem está com o mascote quando ele se vira e grita "Congelem". Se ele adivinhar corretamente, o jogo recomeça. (Quem for citado pelo facilitador como tendo o mascote tem que levantar ambos os braços para provar que está sem ele.) A equipe vence quando pega o mascote de volta e o facilitador não adivinha que o tem.

As equipes rapidamente descobrem que precisam se juntar e tornar difícil adivinhar quem está segurando o mascote. Toda vez que o facilitador se vira de costas, o mascote muda de mãos. Lembre-se de que somente uma pessoa pode estar com o mascote de cada vez. Mesmo os jogadores que não o têm estarão totalmente engajados com o fim de confundir o facilitador.

Dicas

Conte "1, 2, 3, congelem" usando um ritmo cadenciado para ajudar a equipe a criar a estratégia.

Para rodadas adicionais, os membros da equipe podem assumir o papel de facilitadores – eles adoram!

Questões para Discussão

1. Como você se certificou de que seu mascote estava seguro?
2. Como você criou suas estratégias? Você desenvolveu estratégias melhores à medida que a atividade progredia? Por que ou por que não?
3. O que podemos fazer para manter essa mentalidade de equipe?

FOLHETO

Resgate o Mascote
Diagrama da Atividade

O facilitador começa atrás da linha de base.

Linha de base ——————————— O mascote fica na linha de base

30 metros entre a linha de base e a linha de gol

Linha de gol   A equipe começa atrás da linha de gol

Argola

OBJETIVOS
- Energizar a equipe.
- Superar desafios e resolver problemas em conjunto.
- Desenvolver um nível de confiança mais profundo.

Tamanho do Grupo:
Qualquer tamanho.

Materiais:
Um bambolê para cada 10 a 20 participantes.

Tempo:
10 a 15 minutos.

Instruções

Faça os participantes formarem um círculo e se darem as mãos. Um dos membros da equipe – a pessoa anel – fica dentro do bambolê que é colocado no chão. O objetivo é tirar o bambolê de onde ele está no chão para fora do círculo de pessoas sem que os participantes soltem suas mãos.

A pessoa anel, que é a que fica de pé dentro do bambolê, não pode mover seus pés de maneira alguma. O resto da equipe é livre para se mover em qualquer direção que queiram para obter o sucesso, desde que mantenham sua conexão. Se alguém da equipe quebrar a conexão (deixar de segurar as mãos), ou se a pessoa anel mover seus pés, recoloque a equipe e o bambolê e comece a atividade novamente.

Dicas

Você pode dividir um grupo maior em grupos menores de 10 a 20 e fazer com que diversas equipes pratiquem a atividade ao mesmo tempo. Forneça as perguntas para debate para cada equipe, e deixe-os conduzirem seus próprios debates (uma grande maneira de fazer com que se sintam donos de suas experiências).

Questões para Discussão

1. Como você se sentiu quando teve que recomeçar? Você fez alguma coisa diferente na segunda vez? (Você não usará esta pergunta se o grupo for bem-sucedido na primeira vez.)
2. O que foi necessário para ter sucesso?
3. O que tornou fácil confiar na equipe?
4. Que situações semelhantes acontecem no trabalho? Como nos reunimos para alcançar sucesso?

Faça o Quadrado

OBJETIVOS
- Solucionar problemas e superar desafios como equipe.
- Melhorar as habilidades de comunicação.
- Experimentar o que é necessário para construir consenso e tomar decisões em grupo.

Tamanho do Grupo:
10 a 20 participantes.

Materiais:
Uma corda de 30 metros, amarrada com um nó; vendas para cada membro da equipe.

Tempo:
10 a 15 minutos.

Instruções

Coloque a corda no chão ao comprido. Uma metade da equipe fica de um lado da corda e a outra no lado oposto. Peça às pessoas que dobrem seus braços no cotovelo, apontem para as pessoas do outro lado, e digam "Como vai?". (Isso demonstra a posição da mão para segurar a corda quando as vendas forem colocadas.) Agora que estão familiarizados com a posição das mãos, passe as vendas.

Faça com que o grupo coloque as vendas e peça a todos que dobrem os braços e coloquem suas mãos na posição "como vai?". O facilitador então coloca a corda nas mãos de cada membro. Diga à equipe que uma vez que a corda esteja em suas mãos, eles devem se manter ligados à corda pela duração da atividade. Os membros da equipe podem se mover ao longo da corda, mas não devem sair nem se moverem em torno de outros membros da equipe para irem para uma posição diferente.

Uma vez que todos estejam segurando a corda, dê-lhes um objetivo: como uma equipe, eles precisam formar um quadrado com a corda. Quando os membros da equipe decidirem que eles têm um quadrado, eles podem colocar a corda no chão e retirarem as vendas.

Dicas

Para uma versão mais desafiadora, faça algumas voltas e giros na corda quando colocá-la no chão. Esta versão leva o dobro de tempo e demanda mais esforço físico porque muitas vezes os membros da equipe precisam passar por cima ou por baixo da corda para criarem seu quadrado.

Questões para Discussão

1. Como você superou o desafio de estar com os olhos vendados?
2. Que outros obstáculos você enfrentou? Como os superou?
3. Quão eficiente foi sua comunicação? O que você faria de forma diferente?
4. Quão efetiva é sua comunicação em seu local de trabalho? O que você pode fazer para melhorá-la?
5. Alguém assumiu um papel de liderança? Foi necessário um papel de liderança? Por que ou por que não?

Monte o Tabuleiro

OBJETIVOS
- Superar barreiras de comunicação.
- Melhorar o processo para alcançar uma meta comum.
- Contar com o outro e confiar nele.

Tamanho do Grupo:
Grupos com 10 a 20 pessoas funcionam melhor.

Materiais:
Pratos de papel ou marcadores numerados de 1 a 9 e todas as letras do alfabeto (35 pratos ou marcadores ao todo), cronômetro, corda e pregos se a atividade for ao ar livre ou fita adesiva ou crepe se a atividade for interna.

Tempo:
25 a 30 minutos.

Instruções

Divida a equipe ao meio. Uma metade fica na área de jogo, e a outra metade vai para um local que esteja fora da visão da área de jogo. Diga à metade que vai para o local distante que você se unirá a eles com alguma informação em poucos minutos.

A metade remanescente organiza o jogo. Mostre os marcadores e a fita. Eles precisam criar um grande retângulo (3m × 6m é um bom tamanho) e separar as letras e os números pelo interior daquele retângulo. Uma vez que tenham terminado, diga-lhes o seguinte:

Vocês são o desenho de metade da equipe. Vocês acabam de desenhar um novo teclado. Agora, como esse é seu protótipo final, todas as "letras" têm que continuar onde estão. Vocês podem passar os próximos cinco minutos se familiarizando com o teclado que criaram.

(Você está sendo deliberadamente vago.) Diga a eles que você irá voltar em alguns minutos após se encontrar com a outra metade da equipe no outro local.

Agora vá se encontrar com o resto da equipe. Diga-lhes o seguinte:

A outra metade de sua equipe está criando um teclado melhorado. Sua função é testar esse teclado para ver se ele é mais eficiente do que o atual. Primeiro, vocês devem criar uma frase com 30 a 40 caracteres (isto é, letras, números ou ambos), por exemplo: "Com trabalho em equipe tudo é mais divertido".

Agora dê à equipe as outras regras:

1. *Somente uma pessoa é permitida no teclado por vez (dentro da fita).*
2. *Qualquer erro de soletração ou digitação resulta em uma penalidade (ou uma parada de 10 segundos por erro ou recomeçar a tarefa).*
3. *Todas as pessoas da equipe devem digitar pelo menos um número ou letra pisando nos marcadores.*

Uma vez que a metade em outro local tenha a frase e as regras, reúna a equipe no local remoto e dê-lhes tempo para planejar – cerca de 10 minutos. Então todos irão para o teclado para iniciar. Uma vez que todos estejam em torno do teclado, grite "Vá" e inicialize o cronômetro. Sua primeira tentativa estabelece uma base, após o que eles terão duas novas tentativas para melhorar seu tempo. (O facilitador é o cronometrista oficial.)

Questões para Discussão

1. Que desafios de comunicação você teve que superar?
2. Que outros desafios você experimentou? Como os superou?
3. Como você se organizou?
4. Quais são algumas razões pelas quais ocultamos algumas informações no local de trabalho? Quais são as repercussões?
5. De que maneiras a confiança foi um fator nessa atividade?
6. Se fizéssemos novamente esta atividade, você faria alguma coisa diferente? O quê?
7. Como isso se relaciona com alguns desafios que enfrentamos no local de trabalho?
8. Como você pode usar esta experiência para melhorar situações semelhantes no trabalho?

Construa uma Palavra

OBJETIVOS
- Construir confiança.
- Descobrir estratégias eficientes de comunicação.
- Colaborar – em vez de competir – com os membros da equipe.

Tamanho do Grupo:
Até 20.

Materiais:
Corda; pregos; 11 cartões 7 × 12 cm (escreva uma letra da palavra "COMUNICAÇÃO" em cada cartão); vendas; materiais pequenos, variados, como brinquedos sonoros ou animais de sacos de feijão.

Tempo:
20 a 30 minutos.

Instruções

Crie um limite de 3 metros de largura e entre 6 e 9 metros de comprimento com a corda. Crie dois lados distintos e iguais fazendo uma linha com uma corda na metade do comprimento da área de jogo. Distribua os cartões (letras para baixo) e os obstáculos ao longo da área de jogo de modo que exista a mesma quantidade de cartões quanto membros da equipe de cada lado. Para fazer o jogo justo, certifique-se de que exista também a mesma quantidade de materiais (obstáculos) de cada lado.

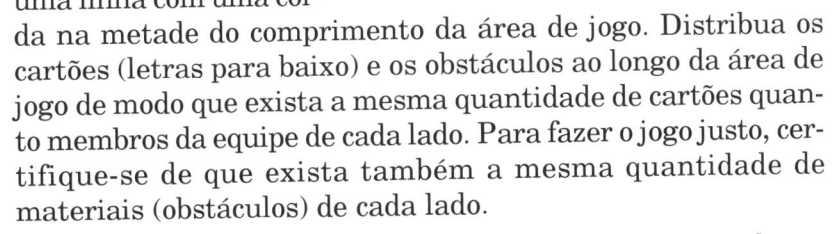

Se você tiver mais do que 11 membros da equipe, coloque cartões em branco na área de jogo para que exista a mesma quantidade de cartões e de pessoas. Quando distribuir as letras, coloque todas as vogais de um lado e as consoantes no outro. Isso significa que uma metade pega 5 letras e a outra 6; coloque os cartões em branco para eliminar a diferença.

Divida a equipe ao meio e faça com que cada metade vá para cada lado da área de jogo (do lado de fora da corda). Dê a todos uma venda e as instruções:

A tarefa é recolher todos os cartões de sua metade da área de jogo com a meta final de soletrar a palavra. Cada metade do lado da área de jogo é o lado oposto do qual você irá começar. Todos na equipe devem viajar pela área, pegar um cartão e sair pelo lado oposto. Se você pisar em um obstáculo, tem que começar de novo. Qualquer cartão em sua posse deve ser colocado novamente no chão.

Os membros da equipe sem as vendas podem orientar os membros da equipe vendados pelo caminho, mas somente podem fazê-lo do lado em que estiverem. Isso significa que você pode orientá-los do lado de partida, mas como os membros da equipe acabam no outro lado, você também pode orientá-los daquele lado. Os lados de 6 a 9 metros são proibidos aos membros da equipe. Somente os membros vendados podem estar dentro da área. Após a equipe ter recolhido as letras, ela deve soletrar uma palavra.

Dê aos lados alguns minutos para planejar e então peça a ambos os lados que comecem ao mesmo tempo.

Crie um sentido de urgência, limitando o tempo que eles têm para recolher e soletrar a palavra. Ao final eles precisam trabalhar em conjunto para soletrar a palavra, mas isso pode não acontecer. Eles podem perguntar se podem trabalhar com a "outra equipe", para o que você irá responder "Vocês são uma equipe. Vocês podem trabalhar com quem quiserem".

Dicas

Escolha duas cores diferentes de cartões 7 × 12 para cada metade das letras da equipe – consoantes de uma cor, vogais de outra. Dê para um lado uma cor com as vendas e para o outro lado uma cor diferente.

Isso cria mais de uma percepção de competição, e pode levar a uma discussão mais profunda sobre a competição percebida *versus* a competição real. Isso também pode levar a um debate sobre o que nos separa em nossos locais de trabalho e como essas separações impactam a equipe.

Após explicar as regras, faça com que cada metade da equipe organize uma área mais próxima dela (que será a área de jogo da outra metade). Será que eles tornarão a coisa fácil ou difícil para a outra metade? Como isso se relaciona com o local de trabalho?

Quando falar sobre cada grupo, certifique-se de se referir a eles como "a outra metade" em vez de "a outra equipe".

Variações

Se você tiver menos do que 11 membros de equipe, peça-lhes para pegarem 2 cartões enquanto andam pelo campo.

Isso pode ser jogado internamente se você tiver espaço suficiente, usando fitas para marcar o campo. Um alerta: o nível de barulho pode ficar muito alto no interior.

Questões para Discussão

1. Como foi a comunicação em sua equipe?
2. Você recebeu alguma ajuda da outra metade de sua equipe? Você ofereceu ajuda à outra equipe? Por que ou por que não?
3. De que maneiras você estendeu a confiança?
4. Quais são algumas maneiras pelas quais podemos criar fronteiras imaginárias no local de trabalho?
5. O que você faria diferente se tivesse que fazer essa atividade de novo?

Sobre os Autores

Fundadora e proprietária da BizTeamTools.com, Mary Scannell coloca a teoria em prática liderando quase 1.000 treinamentos corporativos anualmente, através dos Estados Unidos e do Canadá.

Após uma década ensinando habilidades, Mary passou para a disciplina interdisciplinar de construção de equipe em 1999, facilitando uma ampla variedade de atividades corporativas e educacionais. Ela treinou dezenas de milhares de pessoas, incluindo uma longa lista de clientes pertencentes à *Fortune 500*.

A *expertise* de Mary em Construção de Equipes e Atividades em Grupo se estende por toda a série deste assunto – desde exercícios para pequenas salas de aula até eventos ao ar livre em larga escala.

Um membro ativo da National Speakers Association, Ed Scannell já realizou mais de mil apresentações, seminários e *workshops* pelos Estados Unidos e em outros países.

Ele escreveu ou foi coautor de 20 livros e de mais de 100 artigos nos campos de Desenvolvimento de Relações Humanas, Criatividade, Construção de Equipe e Administração.

Serviu como presidente nacional da ASTD (American Society for Training and Development) e também como Chairman Executivo da IFTDO (International Federation of Training and Development Organizations).

Ex-presidente da MPI (Meeting Professionals International) da região do Arizona, foi eleito como seu presidente internacional em 1990. Ele foi escolhido como o Planejador Internacional do Ano da MPI em 1995 e foi indicado para o Hall of Leaders do Convention Industry Council em 2007.

Ed foi eleito presidente nacional da National Speakers Association (NSA) em 1991-92 e recebeu a maior honra da NSA, o prêmio Cavett, em 1997.

Ele atualmente serve como Diretor do Center for Professional Development and Training em Scottsdale, Arizona.

Sugestão de Leitura

CONSTRUINDO RELACIONAMENTOS ATRAVÉS DE DINÂMICAS DE GRUPO

O autor se propõe a ensinar técnicas de trabalhos em grupo que, ao serem aplicadas, transformam os indivíduos. O objetivo do livro é aprofundar os conceitos e a visão de grupo e dinâmicas de grupo. Edson Andrade, em sua experiência de mais de 10 anos como consultor e professor, faz a fusão da teoria com exercícios dinâmicos, que são apresentados de forma que cada um se insere em um determinado conceito.

Autor: Edson Andrade
Nº de páginas: 176

Sugestão de Leitura

JOGOS, DINÂMICAS E VIVÊNCIAS GRUPAIS

Esse é um livro que requer uma performance mais aprimorada do facilitador, maior conhecimento dos fenômenos que ocorrem nos grupos, suas características e contextos, além da necessidade de um conhecimento prévio teórico-vivencial de aspectos relacionados ao trabalho com pessoas.

Autores:
Albigenor Militão e Rose Militão

Nº de páginas: 248

12ª **reimpressão**

Outros Títulos Sugeridos

Trabalhando em Equipe, Jogando em Equipe

Traz novos jogos e atividades pensados pelos dois maiores treinadores de times do mundo, com o objetivo de treinar e desenvolver, em todos os aspectos, as habilidades dos membros de equipes em geral.

Os formatos dos jogos variam, alguns de curta-duração, outros de longa duração. Thiagi e Glenn também ensinam equipes a quebrar o gelo entre seus membros, afinar a comunicação entre si, tomar decisões coletivas e sob pressão, etc. E o livro ainda conta com um índice referencial, que facilita a escolha do jogo certo para a situação desejada, além dos famosos insights dos autores, precisos e fundamentais. Um livro imperdível!

Autores: Sivasailam "Thiagi" Thiagarajan e Glenn Parker
Número de páginas: 212

100 Jogos Favoritos de Thiagi

Sivasailam "Thiagi" Thiagarajan é reconhecidamente a maior autoridade mundial em aprendizagem interativa e em seu novo livro apresenta uma seleção inédita com aqueles que considera serem os melhores jogos para treinamento. "Thiagi" mostra o "como fazer" e vai além sugerindo possíveis aplicações para cada um dos jogos propostos.

As atividades propostas por "Thiagi" irão desafiar e intrigar seus participantes em um nível ideal e garantir a aplicação de novas habilidades e conhecimento ao local de trabalho. Concebidas, testadas e aprovadas por "Thiagi", estas dinâmicas são Indicadas para todos aqueles que procuram atividades divertidas, inovadoras e eficazes.

Autor: Sivasailam "Thiagi" Thiagarajan
Número de páginas: 392

QUALITYMARK EDITORA

Entre em sintonia com o mundo

Quality Phone:
0800-0263311
ligação gratuita

Qualitymark Editora
Rua Teixeira Júnior, 441 - São Cristóvão
20921-405 - Rio de Janeiro - RJ
Tel.: (21) 3295-9800
Fax: (21) 3295-9824
www.qualitymark.com.br
e-mail: quality@qualitymark.com.br

Dados Técnicos:

• Formato:	16 x 23 cm
• Mancha:	12 x 19 cm
• Fonte:	NewCenturySchoolbook
• Corpo:	11
• Entrelinha:	13,2
• Total de Páginas:	232
• 1ª Reimpressão:	2014